U0738047

冯心语　曾　旻　刘在田

魏铭岑　徐　赫

著

我决定去看心理医生

机械工业出版社

CHINA MACHINE PRESS

即将研究生毕业的乖乖女莉莉陷入了困境——论文没有进展，导师不停催促、责问，前途未卜，偏偏家人都不理解她，只是不停说着那些自以为对她好的话。在学习心理学的好友娜娜的鼓励下，她终于摆脱疑虑，决定向心理咨询师安安寻求帮助。莉莉是如何选择适合她的专业咨询师的？心理咨询是如何进行的？接受咨询前需要做什么准备？咨询能如她所愿很快帮助到她吗？怎样判断咨询是否真的有用？为什么咨询过程有时会陷入停滞？当咨询目标达成时，如何与咨询师好好告别？从莉莉接受心理咨询的全程中，你将看到真正的心理咨询是什么样的，以及它如何产生效果。

如果你也有心理困扰，正在纠结要不要接受心理咨询，或者如果你刚开始接受心理咨询，不知道该对未来有怎样的预期，这本书能帮助你提前了解心理咨询，帮你取得更好的咨询效果。

图书在版编目（CIP）数据

我决定去看心理医生 / 冯心语等著. -- 北京：机械工业出版社，2025. 7. -- ISBN 978-7-111-78910-9

Ⅰ. B849.1-49

中国国家版本馆 CIP 数据核字第 2025MQ6165 号

机械工业出版社（北京市百万庄大街 22 号　邮政编码 100037）
策划编辑：向睿洋　　　　　　　　　责任编辑：向睿洋
责任校对：王文凭　杨　霞　景　飞　责任印制：单爱军
保定市中画美凯印刷有限公司印刷
2025 年 9 月第 1 版第 1 次印刷
147mm×210mm · 7.75 印张 · 2 插页 · 147 千字
标准书号：ISBN 978-7-111-78910-9
定价：59.00 元

电话服务　　　　　　　　网络服务
客服电话：010-88361066　机 工 官 网：www.cmpbook.com
　　　　　010-88379833　机 工 官 博：weibo.com/cmp1952
　　　　　010-68326294　金 　 书 　 网：www.golden-book.com
封底无防伪标均为盗版　机工教育服务网：www.cmpedu.com

自序

甬道里的同行者：
当心理咨询照亮存在的幽径时

心理咨询能为人们提供什么？我想先讲一个我在旅途中经历的故事。

2024年，我入职医院做心理治疗师。在临床心理科工作的同时，我常抽空出去玩。有一次，我去了甘肃张掖的马蹄寺，那是一座在高耸的山崖上竖直开凿的悬空寺石窟群，其壮阔和雄伟让人很难想象那是一千六百多年前建造的。洞窟几乎全部修建在山体里面，而连接洞窟的通道很多段接近竖直，狭窄的甬道每次只能通过一个人，我就这样像穿山甲一样爬升了差不多十几层的高度，到了最上面的洞窟。

我在最上面的洞窟中待了好久，磨蹭到游客渐稀，才准备离开这里。等到再走到甬道处准备往下走的时候，我傻眼了。上来的时候游客比较多，前后都是人，大家一边吐槽着难爬，一边就你拥我挤地爬上来了，而现在，一条接近竖直且没有扶手的甬道就这么孤零零地杵在我面前。往下看，不透光的石壁让下面变得昏暗而幽深。我本来就有点儿恐高，双腿打战着往下挪，双手试图抓住一些什么给自己一点儿安全感，而四面光滑又无处落手的石壁似乎在嘲笑我："别想抓住什么真正的安全。"

后来，我索性瘫在石壁旁大口喘气，一步也挪动不了。这时候，终于有后来的游客也来到了甬道里。我听到有人说："往下爬真难啊。""前面的人，你是不是恐高啊。"后面的几个游客开始给我出主意："你蹲下来，一点点往下滑着走。"这些声音似乎消解了一些我孤立无援的恐惧感，我又拖着打战的双腿，按照他们说的往下挪了几步。直到后面的人慢慢赶上了我，他们一边打趣我的腿抖成了筛子，一边紧跟着我走，在后面给我打气。

就这样，我终于走出了这个漫长的甬道。

我听到旁边的游客感叹说，很难想象一千多年前的人们，是在怎样的动力下，在如此险峻的环境中建造出这般壮阔雄伟、精美绝伦的东西的！我抬头仰望着这个海拔两千多米高原上的石壁，心里面想着：是啊，要多强的动力呢？人类要面对多么强烈的精神痛苦，经历多么困难的存在议题，走过多么漫长而让人恐惧的没有"抓手"的"甬道"，才能让这个星球的每一个角落，都能找到这些讲述、寄托和试图治愈痛苦的旷世之作呢？

怎么去寄托和疗愈精神痛苦——这从来不是什么"新"话题。从最古老的人类时代开始，就有了神明的仪式，如宗教，绘画、音乐这样的艺术形式，各种团体的集会与民俗，以及探险活动和体育运动。人们"发明"出各种各样的方式，去抒发、调节、对抗因存在的困境而产生的痛苦。

"心理咨询"从形式上说，是年轻的一种，从弗洛伊德算起，也不过经历了一百多年的时光。心理咨询能提供的东西，各家各派的创始人们众说纷纭——有认知的调整，有行为的指导，有情感的抒发，有潜意识的诠释……那这些让人眼花缭乱的东西背后，有没有什么更本质的内容呢？

我想起来我在石窟甬道中的经历：有另外的人跟在你身后，或者在你旁边。你知道那是另一个真实的生命，也知道他同样处于这崎岖不易的"人世间"的甬道中。他真诚而善意地目睹你所经历的这一切，陪伴你前进，然后偶尔出出主意，那条困难的路仿佛也就变得更加令人安心和可以体验了。

这么说，心理咨询本质上的东西又并不年轻或者稀罕。在生活中，家人、朋友、恋人、老师，甚至陌生人，很多人在某些时刻扮演着这样的角色。只是心理咨询把这些搬到了另一个稳定和专业的时空，以一种更加稳定的、倾听的和善意的状态，去关注在你身上发生的一切和你体验到的一切。然后，动用一些专业的视角，有时做出一些诠释或者干预。

这里不是魔法的场域，也不是"有心理疾病"的人才需要去的"病房"，在这里遇不到一下子就点化痛苦的大师，也找不到对于人生"彻底通透与圆满"的完美解法。归根结底，这是一个人性相遇的空间。

其实在最开始，在我作为心理学学生，去为自己寻求心理咨询时，我关于心理咨询是什么的想法并不是这样的。尽管当时已经有很多年的科班受训经历，但是在没有真正作为来访者去体验时，我对咨询依旧抱有很多的困惑与幻想。我还记得我想象找一个精神分析流派的咨询师，做个十次八次的咨询，她就可以看透我所有的潜意识内容，让我对于"我是谁"有一个彻底的、本质的了解。

幻想很快被打破了。十次的咨询，对于我的咨询师来说，还不够她了解我的边边角角。而随着这段旅程的深入，惊喜和困惑一起向我涌来。我获得了很多在咨询前从未想过可以期待的东西——一种难以言说的被涵容和养育的美妙感觉；也有很多茫然、怀疑、愤怒或者不知所措的时刻，感觉碰壁、停滞不前、被伤害，那时候，我会在网上翻看其他来访者的经历和感受的帖子，隔着网线获得一种微弱的安心感。

时隔好多年，走过了这段曲径通幽的心理咨询历程，我对于曾经的不安与困惑有了更稳定的感受与答案，但我依旧记得那种进入这段旅程的不安。对于毕业于心理学专业的我来说尚且如此，对于大众来讲，这又会是一个多么未知和不确定的领域呢？

这就是我一开始想写这样一本"心理咨询来访者手册"的初心。我和我的同行兼好朋友们，先是完成了一本硬科普的心理咨询手册，我们写了从如何选择心理咨询师，到心理咨询的过程与困难，再到心理咨询的结束，这样的一本"全过程"心理咨询科普。我们想着，无论是犹豫是否进入心理咨询的朋友，还是在咨询过程中遇到疑惑的来访者们，都可以从中获得一些支持。

后来，为了更有可读性，我们把所有的科普都转化成了故事的形式，形成了这本书。在这本书中，你可以看到犹豫是否进入心理咨询的莉莉同学，是怎样体验属于她的咨询过程的，以及心理咨询师安安是怎样为莉莉提供心理咨询服务的。我们期待这本书可以在有趣的故事里解答你关于心理咨询的困惑和好奇，满足你的好奇心，带你一起"云体验"心理咨询这样一段神奇的旅程。

本书的其中三位作者正好在心理咨询的三个主要场所工作：我在精神专科医院做心理治疗师，曾旻是一位个人执业多年的心理咨询师，刘在田在高校的心理健康中心工作。除此之外，我们也都有另一个身份，我们都曾经或者正在作为心理咨询来访者进行个人体验。我们也有一个共同的愿望：希望这本书具有心理咨询的专业视角，同时也贴近来访者的切身体验。在这段云旅行中，我们是大家的朋友。

在这本书中，我主要负责第1、2、11、12章和附录2、4的写作，曾旻主要负责第3、4、7、8、10章和附录1的写作，刘在田主要负责第5、6、9章的写作，徐赫参与了附录3的写作。曾旻对全书内容进行审核和修订。徐赫和另一位作者魏铭岑，也参与了原版科普手册的创作。

我曾向我的一位好朋友推荐心理咨询。朋友开玩笑地说："你觉得我心理有问题？"

我跟她说："不，这只是一个我曾经亲身'玩'过的地方，觉得挺有意思的，可以一'玩'。你可以理解为好物推荐。"

朋友问我："可是这个地方都有什么呢？"

那就请大家和我们一起，在这本书中，踏上去心理咨询这个地方的云旅行吧。

冯心语

2025 年 2 月写于北京回龙观医院

目录

第 1 章

我需要心理咨询吗？

一场人人可以开启的奇妙旅程

01

不知道从什么时候开始，莉莉觉得自己的心情像是灰蒙蒙的天空。她找了很多方法，办了健身卡，开始看哲学和心理学的书。然而，她依旧觉得自己的心情和生活似乎被什么困住了，她说不清楚，也无法在书中寻找答案。无意中，她看到了一篇心理咨询的推文：心理咨询？这样一个需要花钱、花时间的事情，适合我吗？

"西西弗被众神惩罚。

"他需要把一块巨大的石头推向山顶。而当这块石头到达山顶的时候，石头又轰然滚落。于是，西西弗不得不再次把这块巨石推向山顶。他眼睁睁看着巨石再次滚落，然后又继续把石头推向山顶。石头滚下山，再被推上去，滚落，推升。他的生活也陷入了一种被动的虚无的循环。"

莉莉最近在看《西西弗神话》。她看到西西弗的生活，仿佛照镜子一般看到了自己。她今年读研三，她的生活也陷入了循环：为了更高的绩点，为了导师的欣赏，为了研三毕业后找到一个好工作，马不停蹄地学习、做科研、找实习。两年前，她感觉自己还动力十足，慢慢地，她仿佛变成了一个生锈的机器，吱呀吱呀地拼命运转着。

在筋疲力尽的生活中，她的脑海里面时常会闪现出一个可怕的想法：从小到大我都是这么过来的——听父母、老师的话，考个好成绩，升到重点中学，拼命高考来到这个重点大学；从上大学的第一天起，听学长、学姐们的经验，如果要保研，从大一开始就要获得高绩点；现在读研究生了，在导师的催促下发文章、搞项目，都是为了未来找一份能挣钱的工作，在这个城市立足……然后呢？这样的生活好像一眼望得到头。

她仿佛看到了一块大石头被推向山顶，又轰然滚落的场面。她知道，生活永远会出现下一个目标，找到好工作之后还要继续追求好职位、好薪水……

生活似乎没有终点，换句话说，她找不到真正踏实满足的时刻。她永远在推一个毫无意义的石头。

"疯狂"的想法

莉莉在导师的研究室做实验做到了晚上十点。回家的路上，莉莉仰着头试图放松一下僵硬了一天的颈椎。她看到月亮在阴郁的天空中晦暗不明，就像她此刻的心情，说不上沉重，但也毫无活力，或许是对这种日复一日的生活感到麻木了吧。

莉莉感觉白天的自己像是被烧干了的蒸汽机，蒸汽活塞一上一下，为蒸汽机提供动力，就像自己对导师、对身边所有的要求做出回应——点头，只能不停地点头。

到了晚上，这台机器再也运转不动了。回到家之后，莉莉就一头栽倒在了床上，开始刷手机。刷手机似乎是这台机器可以做的最后的运动——手指敲击，就可以弹出五颜六色的世界，就可以把生活中一切烦心和无力的事情都剥除开来。

莉莉渐渐睡了过去，在迷迷糊糊之间，莉莉进入了梦境：她梦到自己变成了一坨"史莱姆"——一种果冻状的、黏稠的怪物。不过，她披着漂亮的衣服，遮住了身体，路过的人都快速地扫视她一眼，然后称赞她的美貌。只有她自己知道，在那身漂亮的衣服之下，她的身体是流动的，可以轻易被他人随意"捏造"。

很多人、很多事开始像走马灯一样飘过她的眼前——导师说她的科研成果够不上毕业的要求，父母说让她回家考公务员，家里的亲戚说女孩子还是嫁人重要，实习公司的老板说应届生就不该拿多少工资。这些人开始变形，幻化成无数只手，朝这边侵袭过来，仿佛要困住她……莉莉拼命躲避这些伸向自己的手，在马路上疯狂地奔跑，突然，她踩空了，跌下了悬崖。

伴随着极速下坠的感觉，莉莉猛然惊醒。"我还在床上！还好只是梦！"莉莉松了口气，坐了起来，额头的汗水流到脸颊上。不知道多少次了，又一个下坠的梦境。这时候闹钟响了，打断了莉莉的沉思状态，她的身心重新回到了现实世界，梦境的画面、梦中的思绪和情感快速地淡去——莉莉很快忘掉了它们。

"或许是最近压力太大了，也可能是昨晚刷短视频时，看到的某个悬疑剧的片段刺激了自己。"莉莉为自己的噩梦寻找着理由。但梦里无数只伸向自己的手，这个令人惊恐的画面并没有彻底消失，它一直渗透在莉莉这一整天的视觉背景里，只要一放空，这个画面就重新浮现，突出到大脑的前景中。

莉莉摇摇头，想把这个可怕的感觉甩掉。一开始这很有效，那无数只张牙舞爪的手被甩掉了，但很快它们又浮现出来。莉莉发现这是徒劳的，它们就在心灵的背景板上。那该怎么缓解这种令人抓狂的感觉呢？莉莉不再逃避，反而开始回忆着梦里的画面，那个逐渐淡去的场景又清晰了一点儿。她重新站在梦中的街道上，看见无数只疯狂的手朝自己袭来，她意识到——要是在这个时刻，有一个安全的庇护所就好了！

尽管漫无目的，不知道哪里存在这样一个地方，但莉莉还是打开朋友圈想到处找一找。她刷到了自己的好朋友娜娜转发的一条推送——那是一篇关于心理咨询的科普文。娜娜在同城的一所师范学校读心理咨询专业的硕士，上次见面的时候，莉莉还开玩笑说以后要找娜娜做咨询。

"心理咨询这个东西，会不会成为我想要的庇护所？我能不能试一试这个东西？"

莉莉被自己突然冒出的想要去尝试心理咨询的念头吓了一跳。各种质疑随即涌入脑海：我又没有抑郁，怎么会需要心理咨询？如果我去找"心理医生"，别人会怎么看？听说心理咨询领域中骗子很多，我怎么找到合适的咨询师？就算找到了专业的咨询师，他就能解决我的问题了吗？我甚至不知道该怎么描述我的问题。

困惑和担忧太多了，莉莉把这个"疯狂的想法"放在一边，投入了日常的生活。

"无法成为自己，是一切绝望的根源"

说是先放下了寻求心理咨询的想法，但梦里面的感觉依旧在莉莉心中挥之不去。莉莉不知道该如何在生活中克服这些，她在浏览器的搜索框中打出"心情不好自救指南"，找到了赞数最多的攻略，开始一板一眼地计划自己的"新生活"。

第一步，莉莉决定改掉一回家就躺在床上玩手机的习惯，她找出了已经落灰的健身房年卡，决定以后每天去健身。"运动可以改善心情"，她听过很多这样的说法，说不定练出更好的身材，还能让自己对生活增强掌控感呢。

第二步，她去书店的心理哲学类书籍区转了转，买了好几本关于心理成长类的书，内容涵盖"如何处理焦虑""成为我自己""解析你的原生家庭"一类的主题。莉莉满心欢喜地把这些书抱回家，想着要努力学习心理学，自己解答心里面的困惑。

　　莉莉是一个行动力很强的人，她把这些计划都坚持了下来。健身还是有一些作用的，她感觉自己精气神更好了，虽然有时候，她会怀疑健身就仿佛是给自己这台吱呀吱呀转不动的工作机器加了一些润滑油。而看书的历程则更加丰富和曲折一些。莉莉最近在看欧文·亚隆（Irvin Yalom）写的《成为我自己》（*Becoming Myself*），在那本书中，她看到一位在心理学界享誉盛名的咨询师，在其一生中不断地探索、分析和重建他自己。莉莉打心底里面想："他真是一个幸运的人，尽管这段生命中也充满了泪水和苦难，但他似乎离他自己很近。"就像书名一样，他在成为他自己。

　　莉莉心中冒出一句话："或许，无法成为自己，是一切绝望的根源。"

　　莉莉把这句话写在了日记本里面。她无法说清楚自己的感觉，但这句话似乎触动了心里某个无法言说的脆弱的地方。

　　莉莉看这本书的时候，正好是自己的学业进展最难的时候。有一天，莉莉收到了自己论文的拒稿信，导师知道之后，狠狠地批评了她："我知道你很聪明，现在这个结果只能说明你根本没有上心。"莉莉感觉很委屈，自己在实验室常常通宵工作，为这篇论文付出了太多的心血；但她更多的是恐惧，在导师的评价中，她感觉到了一种"辜负他人期望"的威胁感，这一直是莉莉很恐惧的事情，那意味着自己不会再被关注和喜欢。

在难以承受的恐慌之下，莉莉和自己关系最好的室友约了晚餐。在去吃饭的路上，莉莉的眼泪一再涌出来又憋回去，她在心里面想着，要怎么和室友聊一聊自己巨大的压力。到了饭店，莉莉的眼泪已经完全憋回去了。第一句话，她问室友："你今天过得怎么样呀？"

室友一下子打开了话匣子，开始讲自己最近与男朋友的矛盾。莉莉感觉到室友对自己的需要，于是努力地听室友讲话，帮她分析她和男朋友的关系，安慰她的心情，又帮着出谋划策。和室友聊着聊着，莉莉感觉似乎自己又变成了那个强大的、乐观的样子。直到这次晚餐结束，莉莉都没有讲出自己今天的遭遇，没有提到自己的恐慌和焦虑。和室友分开的时候，室友抱着她说："你真是我见过的最善解人意和强大乐观的人！"

莉莉在一个人走回家的路上，那种难过和失望又悄悄地浮现了出来，她的脑海里浮现了身边的人对自己的各种评价：父母认为自己优秀又懂事，朋友认为自己乐观又善良……但是，为什么在一些独处的时候，悲伤还是会在自己的心中蔓延？她感觉自己似乎一直在漂浮，在流浪，似乎有一个巨大的黑洞镶嵌在心脏的中央。就像，自己今日的崩溃，没有任何人知晓。

她又想到了自己日记里的那句话："无法成为自己，是一切绝望的根源。"

"自救"的困境

莉莉还看了很多心理学书籍，也给自己找了很多"心理学标签"，比方说：讨好型人格，父母婚姻关系不好所造成的原生家庭创伤，完美主义，被忽视的内在小孩……

认识了越多这些"名词"，莉莉想要改变的愿望就越发强烈。某一天，莉莉妈妈一个电话打过来，一边抱怨着最近身体不好，一边和她讲如何找一个好工作。在妈妈的唉声叹气中，她的愿望自然而然被放在了道德制高点上，不容置喙。这一次，除了熟悉的不舒服感，莉莉仿佛被打通了任督二脉一样，一下子想到了"有毒的养育"——书里面是这么说的——父母通过心理控制，来向孩子传递高期待和压力。但莉莉又不想让妈妈感觉到自己并不想听她说话，于是试着转移话题："我最近在看一些心理学书籍，这让我对自己、对家庭都有了新的反思，我觉得还挺有意思的。要不要我推荐你几本一起看呀？"

妈妈打断了莉莉，和她说："你不要在这儿和我扯这些，我听不懂。你有空看这些闲书，不如想想怎么找工作。"

莉莉一时间感觉愤怒、委屈、难过和绝望掺杂在一起，她感觉自己刚刚开始运转的"有心理学知识的新脑袋"一下子木住了，并且回到了自己之前最熟悉的状态——听妈妈输出所有她想讲的话，然后努力地回应她，在她的只言片语中读懂她的需要，并尽力地去满足。

　　撂下电话，莉莉感觉到非常疲惫。她点开了学心理咨询的朋友娜娜的聊天界面，给她发去了消息："你推荐的心理学书籍，我都看得差不多了。很好玩！而且我理解了很多我之前都没有意识到的问题和创伤。但是，我理解了这些，好像没有办法在现实中也让别人更加地理解我。在某些时刻，我似乎变得更加孤独了。"

　　娜娜很快回复了她一大段话："其实每个人都有自己的问题和创伤啦，看书，还有你说的健身，都可以一定程度地帮助我们。心理学书籍帮助我们觉察自己，是一个很好的认识自己的途径。如果，你感觉到这些帮助仍旧是有限的，不如到'一段关系'中去体验和谈一谈这些吧。"

　　莉莉发了一个表示非常认同的表情包，继续问："一段关系？"

　　娜娜继续说："其实在一段关系中，直接地收获被看见、被理解和一起面对人生困难的体验，是一件很独特的事情。或许，一些人的生活里面会有重要的人可以承担这些角色，例如父母、朋友、恋人之类的。但如果，你感觉到这些关系的帮助依旧是有限的，或者总是在关系里面临着一些相似的让你不满意的处境，也可以考虑去找心理咨询师聊一聊啊。"

　　娜娜这边的聊天界面上，莉莉的"正在输入中"显示了很久。娜娜猜测着莉莉的担忧，又给她发了一句话："我知道萌生去做心理咨询的念头，会让人有很多担忧和顾虑。但是，先说一句，不是'有病'的人才能去看心理咨询师的哦！任何人都是可以从合适的心理咨询中受益的。"

"生命有裂缝，阳光才能照进来"

莉莉读着这句话，感叹娜娜不愧是最了解自己的人。但某种深深的对于寻求"心理帮助"的羞耻感依旧蔓延在她的心中：就算她心里明白，去寻求心理咨询并不代表自己是"异常"的人，但那种"我需要在心理上求助别人"的感觉，还是让莉莉难以启齿。

她在别人眼中不是一直是那个强大、乐观的人吗？她不应该能轻松地调整自己的情绪和掌控自己的生活吗？如果这些她都不是，都做不到，那意味着什么……意味着"我是一个不好的人"，意味着"我和其他人不一样"，意味着莉莉一直厌恶的自己的一面被揭开：那一面的她，懦弱、悲观、脆弱、逃避，好像和自己表现出的阳光的一面，以及阳光的世界，全都格格不入。

更让莉莉感觉恐惧的是，她无法想象把这些暴露在另一个陌生人面前。哪怕那个心理咨询师再专业，也依旧让人浑身抗拒。莉莉很纠结，但是她想起来自己之前读的心理学书籍里面的一种自助方式，用写作或书信来表达自己。莉莉决定迈出尝试的第一步，先给娜娜写一封邮件来讲讲自己的感受，她把自己的羞耻感和顾虑都写了下来。

娜娜很快给莉莉回了一封邮件：

亲爱的莉莉：

你知道吗？我收到这样的来信，就像是收到了你给我的一个礼物。你愿意向我讲述另一面真实的你，以及你的顾虑和担心，是一件特别珍贵的事情。

我想先说的是，你说另一面的你，懦弱、悲观、脆弱、逃避，仿佛和其他生活在阳光下的人格格不入。我相信，每个人都有这样的一面。人之为人，那些所谓负面的部分不可缺少。换言之，有了这些，才意味着组成了一个真实的人。只是我们更容易展现更社会化的一面，也更容易接收他人展现的社会化的一面。完全的阳光、乐观、坚强并不会组成一个真实的人，有时脆弱、有时悲观、有时懦弱和逃避，才是一个真实的人。

我们对于"自己的心理"往往容易有一些偏见。很多人认为，情绪、想法、认知，这些内心的东西应该是完全由自己控制的，如果寻求他人的帮助，是否意味着这个人想太多、不够坚强或者意志力差呢？

但另一个神奇的事情是，人们对于寻求"身体健康"的帮助则感觉十分正当。在大家的认知里，似乎身体健康是一个更不由个人意志控制的事情，因此寻求帮助理所应当，但是似乎心理上的事情应该由个人意志完全掌控，寻求帮助意味着，似乎这个人在"调整和控制自己的情绪和心理状态"上有问题。

事实不是这样的。人的心理状态是一个复杂的系统，每个人都会有难以应付外界和看不清楚自己的时候。无论是一些"难以控制"的情绪，剪不断理还乱的人际关系，还是关于自我、未来、死亡这些更大的议题，都不是一个人可以通过自我消化处理的。反之，需要找个人聊聊这些困扰，也并不是什么能说明这个人"有问题"的事情。

心灵的体检、治疗与成长，与身体的体检、治疗和养生，本质上并没有什么不同，这说明这个人关注和爱护自己，说明他在尝试用一种温柔的方式对待自己，说明他有勇气期待自己过得更好。

另外，我也明白，向另外一个陌生人"敞开自己"，是一件多么让人不安的事情。心理咨询师可不可以信任？在这个问题背后，我们可能有很多幻想：他会不会在看到我"不堪"的一面后指责、嘲笑、评价甚至利用或者伤害我？

你知道吗？人对于在一段关系中"被看见"，就是会有很复杂的感受的。我们一方面渴望被理解，一方面在被他人走近的时候感觉紧张和不安。这是常见的感受，选择走进心理咨询，也不意味着一定要在一开始的时候感到完全信任和安全。

我知道这些话一定不能完全打消你心里面的顾虑。如果你愿意走入心理咨询，或许，关于求助的困难，关于信任与不安，也是一个可以在咨询中被理解和讨论的话题。

生命有裂缝，阳光才能照进来。

——娜娜

带着疑问开启新旅程

莉莉被这封邮件深深地打动了，她第一次发现，如果自己和他人说一些"隐藏"的自己的一面，也有机会被理解和安慰。她的心里面想：那或许，在心理咨询中，也会发生这些？

莉莉不一会儿又收到了娜娜发来的消息："谢谢你的邮件呀！除了这些情感上的感受，我相信你对于进入一段心理咨询，一定还有很多其他的顾虑。你愿意的话也可以说说，看看有什么我能帮上忙的。"

莉莉马上列了一些问题，发了过去。

- 我的问题，到了需要做心理咨询的程度了吗？
- 去哪儿找合适的咨询师？网上的帖子说心理咨询的市场鱼龙混杂。

- 心理咨询中会发生些什么呢？如果我说不清楚我的问题怎么办？
- 心理咨询对我会有效果吗？毕竟是挺贵的一笔消费呢。
- 心理咨询会不会有伤害呀？比方说，泄露我的隐私。
- 心理咨询会不会挖我的痛处，让我做完更崩溃了？
- 什么时候能结束心理咨询呢？我会不会依赖这个事情啊？

娜娜看完之后，忍不住说："不愧是学霸！想得这么全面。不过这些其实都是大家常见的疑问啦，有这些顾虑也都特别正常。别担心！我会陪你一起走过这段旅程的。这些问题或许后面我们都会遇到，让我们接下来一起去看看如何面对和解决吧。"

第 2 章

心理咨询是一个什么样的事情？

专业性与人性的双重奏

02

娜娜在读心理咨询专业的硕士时，她时常想，心理咨询是个什么样的事情呢？是老师指导学生？是人生经验导师？还是"修理"人的心灵中某个出现问题的"零件"？直到作为来访者体验之后，她才真切地感觉到：那是一个人，带着一些专业的心理知识，陪伴另一个人走一段路……

娜娜进入心理学院做研究生已经两年了，她学习了两年"如何做一个好的心理咨询师"，而今天，也是她成为心理咨询的来访者的第一天。简单地说，她要作为求助者去见自己的心理咨询师了。

一个月前，娜娜的外公去世了，之后她经常感觉说不清地难过。一周前，她就已经冒出了这样的念头，"或许我也应该找个心理咨询师聊一聊了"。

在这之前，娜娜其实已经好几次动过去寻求心理咨询帮助的念头。尽管她已经学习了两年心理咨询的理论知识，但对于自己去寻求心理咨询的帮助，娜娜仍然感到困惑和担忧。

而这一次，娜娜终于不再犹豫，下定决心要迈出这一步了。

娜娜的导师曾经说过这样的话："作为来访者接受心理咨询的体验，将成为你作为心理咨询师的重要财富。"

此时，娜娜也仍不能完全了解其中的具体含义，但一场奇妙的旅行确实就此开始了。

不只是聊聊天，心理咨询是专业的谈话

娜娜走向了她所在的高校的心理咨询中心。在路上，她给自己最好的朋友莉莉发消息："我要去见我的心理咨询师了！"

莉莉一个电话打了过来："我没听错吧？你要去找心理咨询师？你怎么了啊？"

娜娜和莉莉讲了外公去世的事情："我最近经常思考人生的意义，面对死亡，每个人都是如此脆弱……"

莉莉打断了她的叙述："可是，存在这类'人生思考'的问题，也是可以去做心理咨询的吗？"

娜娜走到了咨询中心的等待区，她看着心理咨询中心的宣传栏，索性把上面的"心理咨询是什么"的相关内容直接给莉莉拍照发了过去。

> **心理咨询是什么？**
>
> "心理咨询是由经过专业训练的心理咨询师提供的一种专业关系，心理咨询师与生活中遇到困难的来访者一起工作以面对和解决生活中的困难与障碍，使个体、家庭和团体能够实现心理健康、幸福以及人际关系或职业等的目标。心理咨询需要坚持保密、善行等原则。"

娜娜示意莉莉看这张照片："看到了吗？实现心理健康、

幸福以及人际关系或职业等的目标——这当然是所有人都可以追求的目标。"

莉莉一边若有所思地点头，一边关注到另一个点："心理咨询师提供的一种专业关系？我前几天和你讨论找心理咨询师的时候，我还想过有没有可能找你聊聊呢！"

娜娜笑着说："这也是我学了心理咨询伦理课之后才知道的事情，心理咨询师与来访者的关系不能是朋友等日常的关系，而是仅在心理咨询室这个安全保密的空间中建立的一种专业关系。总而言之，心理咨询师和来访者，在咨询之前就不能是朋友关系，而在建立专业关系之后，更不能发展友谊或者爱情。"娜娜认真地说，"在我们这一行，和来访者谈恋爱，可是会被伦理委员会严肃打击的！"

莉莉想了想，说："确实，如果咨询师就是我日常生活中的人的话，我都担心他把我的秘密告诉别人。不过，你们都是同行，你不会担心这种事情吗——你的咨询师把你的故事告诉其他的同行，成为大家的谈资？"

娜娜点了点头，继续和莉莉科普："怎么说呢，保密原则是心理咨询的重要原则，除了一些在保密例外条款中提及的，比方说有自杀危机，这些事情可能突破保密原则以外，咨询中的内容是会严格保密的。"

莉莉啧啧称奇，感叹道："看到这些'条条框框'，心理咨询还真是一个挺严肃的事情。"

心理咨询初体验

"娜娜，到你的咨询时间了。"咨询中心的助理来叫娜娜。

尽管刚刚和莉莉打完这通电话，并且煞有介事地讲了这么"让人安心的专业条款"，但是真正的体验是另一回事。马上要去见一个陌生的人了——紧张的感觉还是在她的心头弥漫开了。

娜娜走进咨询室，体验了自己人生中的第一次咨询。

尽管自己就是学心理学专业的，娜娜也意识到自己曾经对于成为心理咨询来访者的体验有诸多幻想：或许咨询师像完全通透的人生导师，他带着丰富的人生经验以"四两拨千斤"的方式点拨迷雾，所有人生的痛苦在他的面前都烟消云散；或许咨询师像非常好的妈妈，她无微不至地关心、照顾来访者，像春日的暖阳一样照亮世界的每一个阴暗的角落，提供最无条件和最完美的爱；或许咨询师像一个神奇的魔法师，或者像一个"神"，他有着极特殊的洞察力，可以一眼看透和修复人的内心……

但实际上，这都不是她作为来访者体验到的。她对咨询中的一个片段印象深刻。当时，她在讲述外公去世的事情，她说："在他去世之后的一段时间，我非常非常痛苦。"说完之后，娜娜就停顿在了这里，似乎期待一个魔法般处理痛苦的回应——我告诉你"我非常非常痛苦"，你该分析我，或者告诉我要怎么做了。

这时咨询师说："人的心理痛苦，不像一些生理痛苦，比方说小刀划了皮肤，大家一下子都知道是什么感受。你愿意更详细地讲一讲你所说的'非常非常痛苦'的感觉吗？可以用任何形式表达。"

娜娜下意识地一愣，她的确觉得"非常非常痛苦"这句话很单薄，远远不能传达自己内心汹涌、无尽的感受，但第一次被如此细致入微地关心，她一时不知道如何更详细地描述自己的感受。

"或许……在外公去世之后，我感觉，我好像和其他人都不在一个世界了。"

咨询师明显地在努力理解其中的意思。她试探着问："你能再多说说吗？"

娜娜觉得自己的感受像是一团不明物体，她很难再用其他话语去呈现这种感觉。

咨询师又缓慢地说："我还没能特别理解你的感受。那种不在一个世界的感受，像是你一个人被抛去了另一个世界吗？还是像透明玻璃一样在这个世界上把你和其他人隔开了？或者是……"

娜娜没想到，咨询师会这么细致地询问自己的感受，她还以为只要把自己遇到的重大事件讲出来，咨询师就能给出各种应对方案或者精彩的分析呢。那是一种很奇妙的感觉——"咨询师没有给我一些新的东西，而是在我内心的迷雾里逐渐点亮，让我看到更多一点儿自己。"

在那之后的很长一段时间的咨询中，她时而听到她的咨询师和她说，"这里我还没太听明白，你能再多说说吗？""是这种感觉吗？……哦，不是啊，那是我想错了。""这件事情的感觉，像是之前讲过的另一件事情的感觉吗？"

娜娜的脑海里面有了一个这样的画面：她的所有经历、感受和想法，像是散落在地上的拼图。有一些拼块儿藏起来了，所以她时而会对自己"是什么样的人""为什么会有这样的感受"觉得困惑；有一些拼块儿从未被其他人看见过，所以在人际关系中她会有躲闪、拉扯和不安；有一些拼块儿拼错了，而她没有发现，所以她会有一些莫名的"执念"和"制造痛苦的认知与想法"。

而咨询师和她一起，重新看到这些散落的拼块儿，试图将拼图一点点重新拼出来。在这个过程中，咨询师也不能未卜先知"都有哪些拼块儿"，但是她认真地倾听、不断地好奇那些拼块儿的样子——娜娜的人生故事、感受和想法；她也不能一针见血地指出"完整的拼图是什么样子的"，但是她充分尊重、容纳娜娜感受到的自己的样子、期待中自己的样子。

这真是一个奇妙的旅途，一段奇妙的关系。

娜娜在自己的日记本里面写道：

"这是一段无法用任何其他日常关系类比的关系类型：咨询师和来访者在固定的时间和空间中见面，而咨询师用

自己的专业知识和情感能力去倾听和理解另一个人的故事。在这个时空之外，你们并不会有什么交集，咨询师不会在来访者需要的时候随叫随到，更不会邀请来访者进入自己的生活。

　　这是另一个时空。一个人带着现实时空中发生的事情来到这个保密时空，而另一个人带着专业的头脑去拼凑、理解，带去一些影响。在这个保密时空中，咨询师遥远地祝福着来访者在现实时空中会发生的积极变化。"

心理咨询的双重奏：专业性与人性

　　娜娜作为来访者的体验和作为咨询师的体验，像是奏鸣曲一样交织在一起。这首"心理咨询"的奏鸣曲中，如果有两个声部，娜娜会把这两个声部命名为："专业性"和"人性"。

　　"专业性"的声部铿锵而坚定，浑厚而稳重，仿佛给整首奏鸣曲奠定了最安心而稳定的基调。一说到专业性，娜娜曾经以为这特指接受的专业培训和掌握的咨询技术，但在她作为来访者的体验中，她发现有一些更基础的设置在扮演"专业性"的重要部分，比方说，稳定的频率、时长、地点，保密的原则等。

娜娜想起来自己的咨询师一开始和自己"絮絮叨叨"的一些咨询设置。

- 我们每周都稳定地在这个时间进行哦。
- 如果取消咨询你需要提前 24 小时告诉我，我有特殊情况需要改时间也会提前 24 小时告诉你。
- 我们的时间就是 50 分钟哦，所以不会随意地增加或者调整时长。
- ……

娜娜这么想着，翻开了自己的实践手册，里面清晰地标注着三类咨询方式的专业设置（见表 2-1）。

表　2-1

咨询类型	备注	时长	频率
个体咨询	一位咨询师面对一位来访者	50min/ 次或 1h/ 次	一周一次或多次在每周固定的时间进行
家庭 / 伴侣咨询	一位或两位咨询师面对一对伴侣或一个家庭	多为 90min/ 次	一般为一周一次，也有双周或一个月一次的频率
团体咨询	一位或两位咨询师面对 4～12 位团体组员	每周一次的团体咨询：90min/ 次或 2h/ 次　一次性团体咨询：体验时长依咨询师设置而定	依据团体设置进行：例如，稳定的一周一次或双周一次

那些一开始让娜娜感觉到束缚的"专业规则"，到后来，逐渐变成了这场"神奇旅途"中最保驾护航的部分。它像是

双人冲浪中的安全绳索，让每一次探索内心的旅程都可以安稳着陆。

这是人与人的相遇

在心理咨询的奏鸣曲中，除了"专业性"的声部，还有"人性"这一重要的声部。"人性"的声部的曲调更加丰富和变幻莫测，这个声部时而温柔如旭日，时而包容如土壤，时而坚定如磐石，时而清爽如春风，时而也可以搞笑如"段子手"——反正，都是"人"的特点。

娜娜开始在高校接心理咨询来访者之后，莉莉曾经给娜娜发消息："听说你开始实习了？你的来访者们吓不吓人？"

娜娜想了想，回了莉莉一句："他们，就是你我。"

三个月前，娜娜开始在督导老师的指导下，在心理咨询中心接个案。她接到了不同类型的来访者：有在上课的时候无法集中注意力的小学生，有为考试非常焦虑的青少年，有纠结自己选什么专业和职业的大学生，有经历职场动荡的年轻人，也有想更好地养育孩子的爸爸妈妈……

尽管，在写咨询记录时，娜娜在主诉类型中会写上一些名词，例如"亲密关系困扰""抑郁焦虑情绪""原生家庭困扰""创伤"等，但是她在咨询中会感觉到，她时常可以在来访者们讲述的困扰中，看到这样那样的在自己身上也"似曾相识"的感受。那些来访者讲述的感受，不是"有问题的感受"，或者"有问题的人才有的感受"，而往往是在人类世界中共通的感受。

在这个"人性"的声部中，娜娜会想起自己的咨询师。她让娜娜喜欢的一点是，尽管她接受过专业的训练，有具体的咨询流派——这些娜娜也略懂一二，但她几乎从来不讲术语、不谈概念。她只是很自然地做自己。她会在娜娜讲述痛苦的事情时眉头紧锁，会在没明白娜娜的表达时挠头、摊手，会在开口说话的时候偶尔结巴，甚至会当着娜娜的面明目张胆地打哈欠，丝毫不遮掩自己的真实状况。

那是一种真实的人性相遇的感觉：咨询师既把娜娜当作个人来看待，也把自己当作个人来看待。

心理咨询中"会"和"不会"发生的事情

娜娜把自己对于心理咨询"专业性与人性"双重奏的感悟分享给了莉莉。她想到了莉莉想要尝试心理咨询，但又对寻求心理咨询这样一段陌生的关系心存不安。或许有了这个"大纲领"，莉莉就能对心理咨询有更多的了解。

莉莉看完之后还有些疑惑："我似乎在感性上有了一些感觉了，但我还是很好奇，心理咨询中具体会发生一些什么呀？"

娜娜知道人们面对未知的东西总会有些恐惧。有了自己作为来访者的经验，也有了作为心理咨询师的经验，娜娜给莉莉发了一个咨询中可能发生和不会发生的事情的清单。

心理咨询中可能会发生的事情：

✓ 你向心理咨询师详细讲述自己的经历、感受和想法。

✓ 心理咨询师努力理解你的心情和感受。

✓ 心理咨询师帮助你梳理你面对的问题。

✓ 心理咨询师尝试提供一些看待问题的新视角。

✓ 心理咨询师帮助你发现生活中的一些积极资源。

✓ 你向心理咨询师反馈新的感受以及对咨询的想法。

✓ 心理咨询师尊重、倾听你的意见。

✓ 部分心理咨询师可能会布置一些作业（例如，记录你的心情或想法）。

一般来讲，专业的心理咨询中不会发生的事情：

✗ 私下接触（例如一起吃饭、喝咖啡，在咨询以外的时间频繁聊天）。

✗ 向你保证疗效（例如承诺在多少次内让你"痊愈"）。

✗ 心理咨询师比你说的话要多得多，经常打断你或教育你。

✗ 心理咨询师与你进行肢体接触（大部分情况下不会发生）。

✗ 心理咨询师给你下诊断、"贴标签"（例如，你有抑郁症，你有边缘型人格障碍——心理咨询师没有进行精神疾病诊断的权力）。

在莉莉心中，一个关于心理咨询是什么的"想象世界"，逐渐丰富了起来……

本章末尾小贴士

《娜娜的学习笔记》

心理咨询一般处理怎样的问题？可以达成怎样的效果？

（1）生活事件/个人成长类

由于生活中遇到的一些困难（没有严重的心理问题）而走进咨询室的人相当多，他们希望更好地应对生活中的困难，提高自己的幸福感（以下表格内容仅为举例）。

表　2-2

咨询议题	议题内容	可能的咨询效果
人际关系相关的问题	包括难以融入一个新集体、亲密关系问题、社交中过度焦虑、与家庭成员关系的问题等	心理咨询可以帮助人们更好地建立和维持人际关系，同时缓解人际关系带来的负面情绪
情绪相关的问题	包括（没有达到精神疾病诊断标准的）抑郁和焦虑的情绪，压力、恐惧、嫉妒、烦躁、愤怒等让自己感到困扰的情绪状态	心理咨询可以帮助人们了解自己的情绪从何而生，并更好地梳理和缓解负面情绪，增加积极情绪
当下生活事件引发的一些困难	例如对升学的迷茫和焦虑、分手带来的痛苦、职场困扰、亲人去世带来的哀伤、患上身体疾病之后的心理压力等	心理咨询可以帮助人们缓解压力事件引发的情绪波动，更好地面对、适应或解决生活中的难题
过去的创伤性事件	例如童年经历的家庭暴力、父母冲突等带来的长期影响，校园霸凌或其他过去的创伤性事件对自己的不良影响等	虽然这些事情已经过去，但依旧可能在情绪、人际关系等方方面面影响人们的生活，在咨询中处理创伤事件可以松动这些影响

（续）

咨询议题	议题内容	可能的咨询效果
自我成长议题	例如增加对自我的认识、对性别认同和性取向的探索、探索生活意义感、探讨未来的发展与期待、移除阻碍实现梦想的障碍等	即使生活中没有很强烈的困扰，心理咨询依旧可以帮助人们更好地了解自己、增强生活的意义感等
其他问题	例如不明原因的躯体问题（如莫名其妙的头疼、胃疼）、睡眠问题等	

（2）精神症状类

在正规医院得到精神科的诊断后，来访者可以寻求心理咨询师的帮助。需要注意的是，心理咨询不能代替精神科就诊和药物治疗，同时心理咨询师不具备做任何精神疾病诊断或诊断用药的资质。我们会在附录 2 详细讲述医院的心理治疗。

我们每个人都可能在生命的某一段时间遇到一些困难，以上仅列出了部分常见的咨询问题，一个人也很可能同时面对多重问题。无论如何，如果你觉得自己的生活遇到了某些困难或者是"说不出的"不对劲的地方，都可以走进咨询室试试看。

第 3 章

怎么挑选心理咨询师?

咨询师是个人，有作为人的全部特征

03

当莉莉决定要找心理咨询师后，她找到了学心理学的朋友娜娜，想听听这位"专业人士"怎么说。娜娜告诉莉莉，咨询师也是人，有作为人的全部特征，可以像找一位知心朋友一样去找咨询师。但是，找咨询师也和找朋友有很多不同之处，想找到一位适合自己的心理咨询师，有时候真不是一件容易的事情……

自从和娜娜聊完之后，莉莉明白了好多：原来心理咨询不是"心理有病"的人才能去做，而是当你感到烦恼，想要有所改变的时候，都可以去试试看。

莉莉心中对"心理咨询"神秘而魔幻的幻想被现实打破了。过去，她以为"心理咨询"就像电影里那样——咨询师会拿一块怀表或者水晶球，让你很快被催眠，从而在催眠状态里，看到你的过去，甚至预测你的未来；或者，像有些恐怖电影里那样，见咨询师的病人是会分裂出多重人格的变态杀人狂。经过娜娜的分享，莉莉看到了现实生活中的心理咨询。原来那只是在一间心理咨询室里，两个人谈话而已。

莉莉随即升起了新一轮的疑惑：只是这样谈话，真的能解决我心中的困惑吗？

一份心理咨询师的标准简历

最近莉莉寝室里的一位室友用电脑时，总是公放很大的声音，让莉莉非常不满意。她俩发生了好多次争吵，这让莉莉非常心烦，甚至晚上都不愿意回寝室。几乎每天莉莉都在自习室待到晚上 10 点，之后还去操场上溜达 1 个小时，直到 11 点寝室要关门了才不得不回去。"真是一分钟都不想看到她"，莉莉为此特别烦恼。

不论是跟另外两位室友吐槽，还是跟娜娜倾诉，她们好像都不理解莉莉真正的感受，她们总是给莉莉这样那样的看似"有用的"建议，但在莉莉心里，要么这些办法都试过了，要么莉莉觉得根本行不通。

莉莉想到：娜娜上次说到的她也去见心理咨询师了，我是不是也可以试试？当她开始这么想，问题随即而来了：我要怎么找心理咨询呢？

在手机里搜索"心理咨询"，莉莉看到了好多机构的广告，也弹出了学校的心理咨询中心，到底是像娜娜一样去学校里做咨询呢，还是看看这些打广告的咨询机构呢？而且，点进去之后，莉莉更加晕了：怎么还要我自己选择哪位咨询师啊，这我哪知道？这一个个看起来都很厉害的样子，我要怎么选呢？

莉莉把这个困难告诉娜娜，很快娜娜转发了一个文档。"不愧是专业的，"莉莉心想，"这么快就搞定了。"莉莉打开文档，里面是一份心理咨询师的简历模板（见图 3-1）。

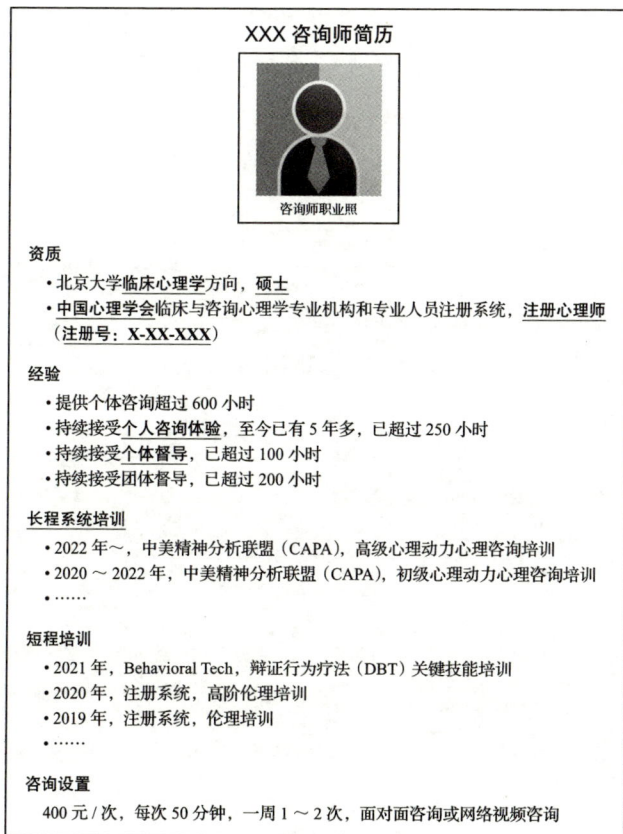

XXX 咨询师简历

咨询师职业照

资质
- 北京大学临床心理学方向，**硕士**
- 中国心理学会临床与咨询心理学专业机构和专业人员注册系统，**注册心理师**（注册号：**X-XX-XXX**）

经验
- 提供个体咨询超过 600 小时
- 持续接受**个人咨询体验**，至今已有 5 年多，已超过 250 小时
- 持续接受**个体督导**，已超过 100 小时
- 持续接受团体督导，已超过 200 小时

长程系统培训
- 2022 年～，中美精神分析联盟（CAPA），高级心理动力心理咨询培训
- 2020 ～ 2022 年，中美精神分析联盟（CAPA），初级心理动力心理咨询培训
- ……

短程培训
- 2021 年，Behavioral Tech，辩证行为疗法（DBT）关键技能培训
- 2020 年，注册系统，高阶伦理培训
- 2019 年，注册系统，伦理培训
- ……

咨询设置
400 元 / 次，每次 50 分钟，一周 1 ～ 2 次，面对面咨询或网络视频咨询

图　3-1

后面附有娜娜编辑的一些提示，标题是"挑选心理咨询师指南"。

挑选咨询师要看这样几个方面：

第一，学历背景。接受过心理咨询相关的学历教育，可以看出咨询师拥有基础的心理学素养和基本的伦理意识。如果要选"半路出家"的咨询师，那么你要特别注意他有没有接受过伦理培训。

第二，职业资格，也就是执照。我们国家咨询师的资格是国家二级和三级心理咨询师或心理治疗师[一]、中国心理学会临床与咨询心理学专业机构和专业人员注册系统（以下称"注册系统"）的心理师和督导师。咨询师拥有注册系统的认证，还意味着如果咨询师做出了违反咨询伦理的事，来访者可以向注册系统进行举报，进行有效的维权。

第三，系统的长程培训。是否参加过系统的长程培训是咨询师是否有足够的实力的核心判断标准，是很多咨询师简历里最着重写的，你要认真去甄别这个部分。因为光是接受学历教育，对于心理咨询师的技能发展来说往往是不够的，心理咨询师还需要接受继续教育与培训，尤其是由有资质的心理咨询培训组织开展的系统性、长程的培训项目。

我说说我个人的判断经验吧。在毕业之后参加的继续教育项目中，我们同学之间会认为合格的项目，一般是为期 2 年或以上、不低于 200 课时且连续进行的培训项目。有这样经历的咨询师，可以说明在继续教育这一项，有较好的受训经历。

⊖ 2017 年底国家取消了二级和三级心理咨询师资格考试，2017 年底考试、2018 年拿到二级和三级资格证书的从业者，是最后一批通过资格考试获得证书的人员，此后不再有二级和三级心理咨询师资格认证，但 2018 年以及以前拿到的资格证书依然有效。

第四，接受督导的经验。接受督导是咨询师的成长中必不可少的环节。说个有点儿类似的比喻，心理咨询这个工种有点儿像理发这样的手工业，是非常重视直觉和经验的，通常都需要师父带徒弟，通过日积月累的实践操作，才能逐渐成熟，独立做好这份工作。所以你不可能遇到一个从没有接受过督导就能把这件事做好的咨询师，除非他天赋异禀。所以合格的心理咨询师，在专业受训经历中，必然有较长时间的接受督导的过程，一般不会少于 1 年。

这里也给你一个参考数据。欧洲那边认定心理咨询师合格的一个参考标准是，咨询师在受训过程中，能够在一位资深督导的引导下完成一个长程或完整个案咨询超过 2 年（意味着 80 小时左右的督导），并在第二位资深督导的引导下完成一个案例咨询超过 1 年（意味着 40 小时左右的督导）。这样算下来，就要有 120 小时以上接受个人督导的经验。在我国，注册系统的相关要求是，正式的个体督导至少 80 小时，团体督导 120 小时。

第五，接受个人咨询的经历。这一点你可能不奇怪了，你看，我也在见我的心理咨询师。许多心理咨询师都会接受心理咨询，这样做对自己的职业发展有许多好处。著名心理咨询师欧文·亚隆认为个人心理咨询是目前为止，心理咨询培训中最重要的部分。

所以，接受个人咨询的时间越多越好，好的心理咨询师自己接受咨询的时间会超过 200 小时。这也是国际精神分析协会的要求，受训者接受 200 小时的个人分析后，才可以开始第一个督导引导下的个案。在国内一般情况下，硕士毕业的临床咨询学生，必要的个人咨询体验时长在 80 ～ 100 小时。

看完这个文档，莉莉感觉脑子里嗡嗡作响，又是培训，又是督导，又是个人咨询，这些专业的事情自己完全不懂，虽然娜娜给了很具体的参考指标，但是这些又意味着什么呢？莉莉还是一头雾水，于是，她决定约娜娜在学校旁边的咖啡厅深入交流一次，以便了解一些更感性、更直观的事情。

咨询师也是人，有作为人的全部特征

"娜娜，你发的文档我看了，也对照着挑选了好几个咨询师，他们看起来都是专业的，但我还是做不出选择，我到底要选哪个呢？"刚坐下，莉莉就开始发问了。

"我先问你一个问题啊。在你小时候，当你心情不好时，你会更愿意跟你爸说还是跟你妈说？"

她又开始故弄玄虚了，莉莉心想，但她还是回答了这个问题。"这个问题我从来没想过，你等会儿，我得想一想。"

娜娜决定不卖关子了："这个叫作移情，我们总会对某

种特征的人有先入为主的一些感觉。咨询师也是人，有作为
人的全部特征。"

莉莉示意娜娜继续说。

"你看，我刚刚问你这个问题，是想让你想一想，你想
找一位男性还是女性咨询师。每个人对性别先入为主的感觉
是不同的，对不对？"

莉莉点点头，好像明白了一点儿，但她觉得还不够，希
望娜娜多说点儿。

"除了性别，还有年龄。你想想看，你是想找个年龄比
你大，看起来就权威一些的人物呢，还是想找个年龄接近一
些，你感觉亲切、有活力的咨询师呢？"娜娜接着说，"这也
和你想要咨询的动力有关哦，你想想看，你是想找个人生阅
历丰富的长辈，还是想找个和你相伴而行的伙伴。这是很不
一样的感觉，对吧？"

莉莉展开了想象，感受到娜娜说的这两点很重要。"那
还有吗？还有什么？"

"还有一些潜在的特征，作为人很基本的特征。总之，
咨询一开始的时候，积极正向的移情是有帮助的。所以，你
要相信你的直觉，凭眼缘是最终的秘诀。你想想看，你当初
谈恋爱的时候，总说非帅哥不谈，但你后来谈的两任，哪一
个和帅沾得上边。任何的标准在'感觉好'这件事面前，都
不值一提。"最后，娜娜总结了挑选咨询师的终极秘诀。

"你这么说，我好像有点儿感觉了。"莉莉感觉这次取经

很有收获，虽然她还不完全知道想要选谁，但一些碎片化的特征已经开始在自己的脑海中逐渐拼凑起来。

咨询流派：一个参考维度

"慢着，我最后还有一个问题，你在文档里没有提到。我看那些咨询师的介绍里，有一个标签是'咨询流派'，什么是'咨询流派'啊？这个会有什么影响吗？"

"哎呀，把这茬给忘了，这个东西说重要是重要的，说非常重要吧，可能也没那么重要。一两句话可能说不清楚，我给你转发一篇文章，是我实习的机构发的一个科普帖子，里面简单介绍了常见的一些咨询流派。但我想告诉你的是，流派和流派的差异没有人和人的差异大，人是最重要的。"

莉莉点点头，结束了这个关于心理咨询的话题。

回到家，莉莉点开了娜娜转发的帖子。

许多心理咨询师会在简历中介绍自己的咨询流派。常见的咨询流派有：精神分析与心理动力学治疗、认知行为治疗、人本主义心理治疗和系统式（家庭）治疗等，以下是对这些咨询流派的简单介绍。

精神分析与心理动力学治疗：该流派认为，心理痛苦源于未被觉察的潜意识冲突。痛苦的症结发生在生命最早期——

0 ～ 6 岁期间，并在往后的人生中形成"强迫性重复"，也就是一次次重现早期的创伤模式。而这种创伤模式往往和依恋关系相关，源于人们和重要他人的最初依恋模式。在发展过程中，通过各式各样的心理防御，人们把这种模式转化成了各式各样的情绪痛苦和心理症状。这种流派通常使用的两大咨询方法是自由联想和对梦的工作。

心理咨询研究者布拉吉斯（Blagys）和希尔森罗思（Hilsenroth）基于多项实证研究总结了精神分析与心理动力学咨询师的 7 大特点。

（1）关注情感和来访者的情绪表达。

（2）探索来访者对特定话题的逃避或对咨询进展的阻碍。

（3）识别来访者的行为、想法、感受、经历和关系中的模式。

（4）关注来访者的过往经历。

（5）关注来访者的人际关系。

（6）关注咨询师和来访者的关系。

（7）探索来访者的愿望、梦境和幻想。

认知行为治疗：该疗法的核心理论是 ABC 理论，认为一个外部事件（A，例如：朋友拒绝和自己逛街）并非直接产生了人们的痛苦反应（C，例如：愤怒、害怕），而是取决于人们如何认识和理解它（B，例如：朋友可能只是有事情安排不开，或者朋友讨厌我并想远离我）。由于非理性 / 功能不良的认知

（B，belief），人们产生了各式各样的痛苦。所以，认知行为治疗往往通过阻断、矫正和替换这些非理性 / 功能不良的认知与信念，来改善人们的情绪、缓解痛苦。当人们内化了新的信念后，将能更加适应性地生活和行事。

心理咨询研究者布拉吉斯和希尔森罗思基于多项实证研究总结了认知行为咨询师的 6 大特点。

（1）利用"家庭作业"和咨询之外的活动。

（2）引导咨询进程。

（3）教授来访者技能来应对症状。

（4）关注来访者的未来经历。

（5）提供给来访者关于他的咨询、心理障碍或症状的信息。

（6）关注来访者的认知和内心体验（尤其是不合逻辑或非理性的想法与信念）。

人本主义心理治疗：该流派认为，人具有自我实现的趋向，心理与情绪的问题并非人出了什么问题，而是朝向自我实现的趋向受到了阻碍。在安全和具有支持性的人际关系中，人自然能够注意和察觉自己的内心，获得更加深刻、复杂和整合性的体验，实现自我。所以，人本主义心理治疗关注咨询师是否做到三件事——真诚尊重、无条件积极关注、共感理解。

系统式（家庭）治疗：该流派认为，人们的心理问题在更大的系统（比如家庭、单位、社区、国家）中产生，因此不能只关注个人的内心，也需要关注人际交互和影响。通过同时施加个人层面与系统层面的影响，咨询师能更好地帮助到来访者。许多针对伴侣、家庭的心理咨询都受到该流派的影响。

心理咨询流派，是心理咨询师众多身份标签中的一个。行业内流传着这样一句话："心理咨询流派与流派之间的差异，远远小于咨询师与咨询师之间的差异。"所以，不宜过度看重流派标签，更需要看重的是你想找寻的这个具体的人。

见面前最后的确认

看完这篇科普帖，莉莉开始正式寻找咨询师。通过各种途径海量查找后，终于，一位名叫安安的咨询师进入了莉莉的视线。莉莉之所以选择她，是因为除了主页上的照片，她的笑容让人感到温暖。她的个人介绍里有一句寄语让莉莉印象深刻："心理咨询是一场发现之旅，而我愿意做你旅途上忠实的陪伴者。"

安安应该是个有能量又温暖的人吧？莉莉开始忍不住期待和安安见面了。

在前往咨询的前一天，莉莉心情忐忑，希望娜娜再给自己一点儿指导："我如果见了她，要怎么判断我们的咨询是不是合适呀？"

娜娜认真想了想，在咨询的一开始，一位合格的咨询师会做点儿什么来显示出她是合格的。娜娜想到了，是"治疗联盟"！一位合格的咨询师，在咨询的开始阶段，会始终关注"治疗联盟"的建立。

"什么是'治疗联盟'啊？"莉莉问。

"简单来说，'治疗联盟'有三个方面，一个是我上次跟你说过的，就是眼缘、直觉这些东西，你们是不是感觉到彼此喜欢，感觉相处是舒服的。这种相处的舒服、放松、自在的感觉，会带来一个关键的东西，是信任。信任是'治疗联盟'的第一个方面。"

"第二个方面是？"

"第二个方面是你们能不能达成'一致的咨询目标'。到时候你就看，她会不会问你咨询目标是什么，或者会不会关心和倾听你对咨询的期待和目标，又或者她会不会总想纠正你，总要带你去你不想去的地方。你就感受这一点就好。"娜娜说。

"好的，那第三个方面？"

"第三个方面，对'咨询方法达成一致'。"

"咨询方法？这个不是咨询师说了算吗？"

"通常来说是这样，但如果你对咨询师的方法感到不舒服、不同意，你也可以提出来，对方是愿意接受你的看法、和你讨论，还是很拒绝、很防御，你能感觉到的。"娜娜接着强调说，"不同的心理咨询师常常具有不同的咨询风格。

比如说，有的咨询师更具指导性，有的咨询师会更加开放和自由；有的咨询师会更聚焦于和你的关系，有的咨询师更关注你的现实问题；有的咨询师更多地提供支持，有的咨询师则帮助你更多地表达和探索。这些不同的方式，你可以细细体会，然后去和对方说你的感觉、你想要什么。"

莉莉觉得自己好像听懂了一部分，又感觉另一部分得真的体验了才能明白。于是，她带着娜娜的这些支持，去见了这位人本主义流派的中年女性咨询师。

第 4 章

怎么看心理咨询机构？

专业的框架与管理不能丢

04

心理学研究生娜娜即将毕业，想找一份心理咨询机构的工作，她寻遍了这座城市大大小小的心理咨询机构，发现了咨询机构的许多秘密……

幸福谈话心理咨询室

在招聘网站上，娜娜发现各大知名的心理咨询平台，几乎都要求不少于800或者1000小时的收费临床咨询经验，可是对于还没毕业的娜娜来说，哪有这样的经验。而她符合招聘条件的那些机构，她都没有听说过。不过，执着于成为一名心理咨询师的娜娜，从来没有考虑过毕业后做一份其他的什么工作，哪怕没有听过，娜娜也决定一试。

周一一大早，娜娜收拾打扮好，穿了一身略微正式的衣服：上身白色雪纺衬衫，下身黑色直筒休闲裤，一双黑色小皮鞋，得体而又不显得过于严肃，显示出尊重，又不失亲切和温和。这是娜娜认为心理咨询这份工作最适切的打扮。

今天这家机构的名字很简单通俗，但也一语直击心理咨询的核心关切——幸福谈话心理咨询室。"幸福谈话"，娜娜在心里默念了好几遍，这真是一个直白的名字，心理咨询真的是一场"幸福谈话"吗？娜娜在心里一边认同，也一边质疑。

在娜娜见咨询师的这段时间里，好多次娜娜谈及让她感到十分伤心的童年经历。这场谈话一点儿也不"幸福"，恰恰相反，心理咨询这场谈话可"虐心"了，要反反复复地直面曾经的伤痛、当下的困难和对未来的焦虑。

从娜娜自己的体验来看，那一场场的谈话一点儿也不幸福，可以说反而很痛苦、很艰难。好多次娜娜对于走进咨询室那个房间，充满了抗拒和焦虑，有两次娜娜甚至无意间在咨询时间安排了其他事情，而全然忘了和咨询师的约定。有好几次，娜娜知道到了见咨询师的时间，但在宿舍里收拾东西，拖拖拉拉，以至于迟到了十几分钟。表面上娜娜不承认，但在心底她知道，其实她有点儿害怕见咨询师。倒不是害怕见心理咨询师那个人，而是一旦走进那个"神奇的房间"，娜娜好像自动打开了悲伤的"阀门"，把所有让自己烦恼、痛苦和伤痛的事情都往那里倒。当平日里压抑的情绪在那 50 分钟里倾泻而出的时候，娜娜感觉到痛苦和沉重，不过，走出咨询室后，好像一连几天，身心也轻松了一些。娜娜觉得，这就好像是"倒垃圾"一样，身体储存了好多好多"垃圾情绪"，在那一会儿集中倾倒出去，自然会轻松一些。

所以娜娜一方面质疑，认为心理咨询这场谈话一点儿也不幸福、不轻松，反而是沉重的、痛苦的，但另一方面，娜娜又认同，这场谈话的意义，是让走出那间房子的人，可以在重回生活里的时候感到更轻松，或许也会更幸福一些。

"心理咨询的魅力"？还是表演？

　　浮想联翩了这么多，娜娜一抬头，发现已经走到了幸福谈话心理咨询室的门口。那里有一个不起眼的深棕色小标志，横在一堆咖啡厅、饭店、服装店、地产中介和律师事务所的中间。好像这就是我们的世俗生活，吃穿住行甚至法律纠纷，是比人们内心世界更显著、更活跃的存在，人们对心灵的关照，总要藏在暗淡的背景里。

　　娜娜走进电梯，上到 15 层，按照通知的消息，找到了1503。按响门铃，"叮咚"。不一会儿，一位中年女性打开了门，她的面相看起来比较年轻，化着精致的妆容，一身宽松随意的打扮，但眼角的皱纹依然泄露了她的年龄。透过眼睛可以看见，那里面寄居了一个饱经沧桑的心灵。

　　娜娜礼貌地打个招呼，并简单地介绍了自己。对方也很温和地邀请娜娜进来，一边介绍她自己："你可以叫我薇薇或者林薇，这里是我们的公共空间，没有咨询进行的时候，这里有时会办一些沙龙团体活动或者读书会。"娜娜点点头，随着林薇来到了这个巨大的等候室，这里至少有二十多平方米，甚至可能有三十平方米，看起来可以容纳十几二十人都没问题。房间的角落里有一堆折叠椅，看起来是为举办活动准备的，今天有五六个椅子展开了放在后排。

　　"今天还有其他人吗？"娜娜看着展开的折叠椅，产生了好奇。

　　林薇告诉娜娜，一会儿还会有五位面试者，大家到齐后，她会请出这个机构的创始人许教授，来和大家分享，并考察大家是否有成为心理咨询师的悟性。

　　果然，不出几分钟，陆续有人进来，大家坐在了椅子上互相寒暄。娜娜了解到旁边的女生来自另一所院校的心理学系，她和自己一样今年毕业，也决心要进心理咨询行业。而其他几位同场的面试者，气场明显和自己不一样，他们有些看起来年龄不小、饱经风霜，打扮明显不是学生，而是早已步入社会，被心理咨询吸引，来"跨界"考察的。

　　人到齐了，林薇从一间隐秘的房间里叫来了许教授。许教授一身白衣，一种复古传统的气质溢出，在简单的寒暄后便开始了高谈阔论。"所有心理问题，本质上都是没有达到身心合一的境界"，许教授一边热情澎湃地讲述着他对心理咨询的理解，一边在一旁的白板上写上了"情绪－身体－灵性"几个大字。娜娜感觉到有些不适，但另一端的一位男士听得入迷。许教授发现了他的投入，邀请他来谈一谈感想，两个人一唱一和地上演了一段他在许教授的提点下一下子悟到了自己的"心理问题核心"的戏码。"这也太戏剧化了。"娜娜心中起疑。

　　"这就是心理咨询的魅力！"许教授这样为刚才的"现场示范"做了总结，底下马上有两个人热烈鼓掌。许教授见娜娜无动于衷，问娜娜："你看起来不相信心理咨询，你有什么想法？"

专业的受训让娜娜非常关心咨询的基本设置与框架，对于这种一上来就大秀效果的场景，娜娜本能地感到警惕，于是她问许教授："咱们机构对心理咨询师的基本规范和要求有什么呢？"

"哦，这位同学一看就是个好学生，很有上进心呀！不愧是 N 大的学生。但是很可惜啊，你的脑子被太多的知识框住了！大家看，她是不是不如那位男士一样有悟性，一下就能懂我说的话。"许教授的明褒暗贬让在场的其他几人也开始窃窃私语起来，娜娜感觉似乎在被用异样的目光注视，浑身不自在。

许教授继续道："学校让我们失去了灵性和感悟力，这是我们教育系统的失败，教会人们考试，但从来不教如何面对真实的世界、真实的人类心灵！越是读书多，越会陷入这个死胡同。娜娜，你要打开你自己，前来寻求心理咨询的求助者，他们不关心你是精神分析还是人本主义流派，他们不需要了解弗洛伊德和荣格，他们关心的是你理解他们的痛苦，能够有效地解决他们的痛苦！"许教授对娜娜的一番话又引来那位男士的追捧，他一边鼓掌，一边抹眼泪。

娜娜感到迷惑，似乎难以和这位所谓的许教授产生有效的交流。娜娜觉得自己只是关心咨询的基本设置，这家机构如何管理，就像预约、接待、收费、续约、请假、取消、咨询室的使用等这些基本的事务，但许教授好像对这些漠不关

心。他只想说服大家，"做心理咨询，要关注效果。要让来
访者来的第一次，见你的第一面，就相信你可以带他走出
迷雾"。

这让娜娜想起前阵子，在视频网站刷到这样一个段子：

> 问：如果你要去一家医院看病，怎么判断这家医院是不是
> 足够专业呢？
>
> 答：看它的官方网站。如果上面都是"在线咨询""疾病
> 解惑""成功案例"，一看就让人想去看病的，别去！如果上面
> 都是"党团建设""学术交流""支援边区"，看都看不下去的，
> 靠谱！

虽然这是一个段子，但它说明了一个原理：那些越是
让你"方便成交"的，希望你用情绪去冲动消费的，越有可
能是一个陷阱；而那些让你需要冷静下来仔细钻研才能看懂
的，那些希望你用理性去思考后再来决策的，反而越可能是
在专业地、负责地为你考虑。

专业需要"框架"，机构需要"管理"

娜娜走出这家幸福谈话心理咨询室时，感觉非常失望，
但也庆幸自己这三年的专业受训，让她拥有这样的分辨力。

但当时在座的另外三位可能就不那么幸运了，他们都留了下来，购买了许教授推销的价格高昂的培训项目，成为幸福谈话心理咨询室的所谓"受训实习咨询师"，不知道他们未来的命运如何，娜娜只能在心里默默为他们祝福。

这个事情过去后，娜娜涌现了一些责任心，觉得自己得普及一些心理咨询的基本框架知识。这样，不论是寻求心理咨询的求助者，还是想要转行学习心理咨询的新手，都可以找到正规的机构，而不会被无良商家欺骗了。

很快娜娜拟出了这样一个表格：

表　4-1

	专业的心理咨询机构	不专业的心理咨询机构
服务时间	需提前预约，无 24 小时服务（除危机干预外）	急需即有，可 24 小时服务
收费	按单次收费	套餐、打包价、按疗程收费
场地	通常有线下场地或作为平台对接有线下场地的咨询师	仅存在于微信等线上软件中
宣传	不承诺疗效	承诺甚至夸大疗效
服务协议	通常有服务协议或知情同意书，包含保密原则、收费、时间设置、请假与迟到的约定等	没有协议，或没有完整告知咨询的基本设置
角色分工	通常有咨询助手协助预约、收费、沟通时间等流程沟通，咨询师仅在咨询中与来访者见面。换句话说，咨询师不承担"销售"性质的工作	咨询师同时承担"销售"性质的工作，你明显感觉到咨询中，咨询师催促你续约
边界	你无法取得咨询师的私人联系方式	你能轻易取得咨询师的私人联系方式

接下来，娜娜在文章中进行了一番解释：

如果你想寻找心理咨询机构，并想要去判断该机构是否专业时，你可以参考以下方面。

（1）在你情绪崩溃，希望马上就要一个咨询时：接受你的请求、马上开始咨询的，往往不专业；而拒绝你、坚持需要提前预约一个时间的，这是专业的做法。

（2）在你怀着疑惑询问对方，能不能保证可以治好你时：信心十足地给你打包票，甚至给你举出一二三四个案例，让你满怀信心、很快就相信对方的，往往不专业；而不明确疗效，而是与你讨论咨询起效通常会有哪些影响因素的，这是专业的做法。

（3）在你感到耻于求助，想要匿名进行咨询，拒绝填表，甚至想要文字、语音咨询时：接受你的请求、在完全不知道你是谁的情况下给你做咨询的，往往不专业；而拒绝你的匿名请求，坚持要你提供基本信息，否则无法给你做咨询的，这是专业的做法。

（4）在你付不起高额的咨询费，和对方讨价还价时：对方提供买 N 赠 1，或 10 次 8 折等多买多折扣的方式（商场促销式），往往不专业；而和你详细讨论费用，如部分咨询师对低收入或学生群体或者针对实际情况，会因人而异地优惠，或者不接受低价咨询，直接给你推荐其他咨询师，这都是专业的做法。

（5）为了方便，你想在自家楼下的咖啡厅进行咨询：对方同意的，甚至可以为你上门服务的，往往不专业；而拒绝在公共场合、坚持双方在固定的咨询室里进行咨询的，这是专业的做法。

（6）当你进行了一阵子咨询，很喜欢咨询师这个人，想要加上对方的微信时：对方很乐意提供，并且在咨询之外的时间，对方也会回复你日常的问候，往往不专业；而拒绝你加对方私人联系方式，任何咨询时间外，你与对方通过工作联系方式进行日常沟通时，对方都邀请你在咨询时间内讨论，这是专业的做法。

（7）当你进行了一阵咨询，你觉得不太好，想要换个机构看看时：咨询师拼命挽留你，在咨询中开始对你的需要格外地满足，原本不给建议的咨询师开始给你一些建议了，当你手足无措不知道要怎么办时，咨询师开始给你提供各种各样的方案了，等等，这样的做法往往不专业；而当你想要结束一段咨询时，咨询师在尊重你的决定的基础上，邀请你谈想结束咨询的想法与感受，友善地告别，并欢迎你随时可以重启咨询，或妥善帮助你转介，这是专业的做法。

　　娜娜把这篇文章发布了出去，希望以此让想寻求心理咨询师帮助的人少走弯路，寻得一个靠谱的心理咨询机构。

　　发完这篇文章，娜娜又开始了下一轮的搜寻，继续找工作。"我可不想一毕业就失业啊！"娜娜心里想。

第 5 章

咨询的初始阶段有什么挑战？

基本的信任是好的开始

05

莉莉决定尝试与安安开始一段咨询旅程，她对尽快开始咨询十分期待，在脑海中想象了无数次与咨询师见面的场景。但或许是"近乡情更怯"，真到了和咨询师见面时，她又显得有些手足无措。第一次咨询体验，该怎么描述呢，反正就是……和想象的不一样？于是莉莉又开始纠结和犹豫要不要继续这段旅程……

良好的第一印象是成功的一半

发起咨询申请后没多久，莉莉就收到了回复："很高兴收到你的咨询意向。在开始咨询前，我希望先通过电话进行一次预备访谈，我想了解一些关于你的基本信息。这次访谈不收费，大概会占用你 20 分钟的时间。"

约定的时间，电话的提示音响起。安安的声音温和中带着一丝清冽，像是晨间流淌的山泉。安安询问了莉莉的年龄、职业、出生地等信息，还问了这样几个问题：你是否有过精神科诊断或者既往心理咨询的经历？你曾经或现在是否有过自杀的想法或计划？在你的成长中意义重大的一两件事是什么？你目前感到困扰的或者希望探索的问题是什么？你对心理咨询的期待是什么？

莉莉抑制不住各种各样复杂的念头："我们还是陌生人，一上来就要我把我的家底都交代出去，心理咨询师这么直接的吗？""如果有过自杀想法、看过精神科，或者有什么离奇的成长经历，是不是就问题太严重了，咨询师也搞不定？""我对心理咨询的期待？难道不应该是由咨询师来判断我需要什么帮助吗？"

"这些问题或许有些直接，我只是希望能从更广泛的维度尝试了解你，这样我才能更好地帮助到你。"安安似是感受到了莉莉的担忧，语调放缓了一些，这让莉莉刚升起的紧张和戒备稍有缓和。她本想着干脆把自己当作一台无情的答题机器，但一种莫名的好感，让自己愿意相信这个素未谋面的陌生人。

电话访谈的最后，安安说："心理咨询一般会固定在每周的一个时间段连续进行一段时间，所以我希望你能确定一个稳定、空闲的时段，这个时段以后我会为你长期保留。"

莉莉突然感觉有些兴奋，好像马上就能和感觉很有缘分的安安见面，便不假思索道："我时间比较灵活，今晚就可以。"

空气凝滞了一瞬，安安答道："莉莉，我能感觉到你的急切，不过咨询时间要提前 24 小时预约。如果你确定要选择今晚的时段，我们就从下周开始，怎么样？"

咨询前的幻想：相见将是怎样的心情

莉莉感觉自己的一腔热情突然遇到了一股冷空气，匆忙回复"好的，下周见"。挂掉电话后，莉莉盯着窗外发呆。梧桐树的叶片在风中簌簌作响，像无数个人在声声低语。莉莉的内心小剧场又忍不住活动起来。"我已经鼓起勇气寻求帮助了，怎么还需要等待这么久？是咨询师觉得我的问题并不严重吗？安安好像比我想象中的高冷一些？"

等待的一周中，莉莉在空闲时也常会泛起这种紧张又期待的感觉。在和安安见面的前一晚，莉莉做了个光怪陆离的梦。梦里，她奔跑在迷宫般的走廊，墙壁上挂满嘀嗒作响的钟表，她费尽千辛万苦一直在迷宫里绕圈，安安的身影始终在转角处若隐若现却无法触及。直到安安猛然出现在自己面前，质问自己为何迟到，并说"时间到了，下次再见吧"。

莉莉猛然惊醒，枕巾已被冷汗浸湿。

"天哪，我竟然这么紧张，真没必要呀，只是见个面而已……"

想归想，莉莉还是提前了很久就出发了。寻找咨询室的过程很顺利，莉莉感觉长舒一口气：安安看到自己这么早就来赴约，这样也会对自己有个好印象吧。

咨询室所在的写字楼比莉莉想象中的更朴素。推开大门，等候区散发着薰衣草的淡香，映入眼帘的是柔软的米白色沙发，角落里散落着几本书。莉莉望着里间"咨询中"的标牌出神。

"安安应该还在咨询吧。"莉莉心想。她僵直地坐着，仍将帆布包紧紧揣在胸前，仿佛那是自己最后的盾牌。随意扫了一眼书名，莉莉感觉自己实在没心思翻开一本来打发时间，她决定用等待的时间预演一下见到安安时会发生什么，自己该说些什么。

门开了。眼前的女性穿着浅灰色针织衫，长发松松挽起。与照片中明媚的笑容不同，此刻的安安，却更像一潭静水，目光平静而专注。莉莉感觉与安安明明近在咫尺，却似乎隔着什么东西。

"我是安安，很高兴见到你，怎么称呼你呢？"

莉莉飘走的思绪猛然被打断："啊，叫我莉莉就好。我也应该介绍一下自己吗？"

"如果你愿意的话。"安安淡淡道。

"我叫莉莉，我目前正在读研……应该介绍些什么呢？"莉莉声音发涩，指甲已经深深嵌进掌心。

"没关系，不用着急。"安安停顿了一会儿，继续道，"如果你愿意的话，可以说一说是什么原因让你现在来向我寻求帮助。"

安安的邀请将莉莉从凌乱的思绪中缓缓牵出："可能是最近心情不太好吧，其实也不是最近，我也说不清从什么时候开始的。我也尝试了健身、找朋友这样的方法，尝试让自己调整状态，但好像越来越发现那不是我需要的感觉；恰好前段时间有个心理学专业的朋友推荐我可以试试心理咨询。选择你的话……就是眼缘吧，感觉你挺阳光的，是会让我比较有安全感的类型……"

话一出口，莉莉便后悔了，仿佛是不慎掀开了幕布一角，暴露出台下的自己——这个笨拙的窥探者。于是莉莉话锋一转："啊，当然其实我对你还不太了解。"

安安的神情仍然平静如水："听得出来你对我有很多想象和好奇，或许对咨询的过程也有一些不确定，以后我们有机会慢慢谈到。今天第一次咨询，我想邀请你一起核对一下咨询设置和知情同意书。"

知情同意：是框架，是契约，也是共同的承诺

《心理咨询知情同意书》⊖

咨询师与来访者双方本着平等自愿、协商一致的原则，通过签署本协议规范心理咨询过程，保证心理咨询的有效进行。协议内容如下：

（1）保密原则：咨询师须为来访者的隐私保密，来访者在咨询过程中呈现的内容，未经本人同意，不得透露给第三方。

保密例外：以下几种情况下，需要突破保密原则，请知晓。

1）来访者有自杀、自伤、伤害他人的危机情况下，咨询师有权利、有义务将危机情况披露给来访者的紧急联系人。

2）当涉及法律纠纷、司法介入的情况下，咨询师被

⊖ 《心理咨询知情同意书》是个性化的，每位咨询师的版本都会有些许的不同，且一般会与来访者协商确定，这里的版本仅供参考。

公权力要求披露来访者的信息时。

3）在有限范围内的专业研讨和专业督导内，但该情境
需要是保密情境（研讨和督导的参与者不得向其他人透露案
例情况）。

（2）时间安排：每次咨询时长 50 分钟，在每周固定时间
进行，频率通常为每周 1 次，具体频次的确认和调整，双方可
协商讨论。

（3）取消、改约与迟到早退：来访者如要取消或改约当次
咨询，须在咨询开始前 24 小时告知咨询师，否则视为临时缺
席，当次咨询视为正常进行，照常收费。咨询师如取消或改约
当次咨询，也须在咨询开始前 24 小时告知来访者，否则须额
外补偿一节免费咨询。来访者如迟到或早退，咨询按时结束或
被视为按时结束。咨询师如迟到或早退，则须同等程度额外补
偿来访者损失的时间。法定节假日照常休假。除此之外，一年
之中请假次数不超过 4 次，超出次数照常收费。

（4）收费：来访者须在咨询开始前 24 小时以上提前付
费。如费用变动，咨询师会提前 6 个月告知。

（5）咨询终止：来访者有权自由终止咨询。

签字同意：我已阅读、理解并同意上述协议中来访者的权
利与义务。我的紧急联系人姓名是＿＿＿＿＿＿，与我的关系
是＿＿＿＿＿＿关系，联系电话是＿＿＿＿＿＿＿。我将
对我所提供信息的有效性承担相应的法律责任。

阳光从百叶窗的缝隙漏进来，在纸面投下细长的光痕。知情同意书的字密密麻麻，莉莉的视线在几个看起来有些陌生的词间反复游移。

"看起来可能有点儿长。"安安的声音打断了莉莉的思绪，"不过还是希望你认真看看，毕竟咨询设置相当于我们合作的契约，我们可以商量清楚再签字。需要我解释哪一条吗？"

莉莉摇摇头，签字时笔尖在纸上重重一顿，洇出一团墨渍。她忽然想起中学时被迫签下的保证书——"绝不早恋"，那些"约法三章"的规训条款曾让自己窒息；而此刻手中的协议，却明确指出了许多自己未曾设想过的情况将会如何处理，让人感觉很复杂，既有被框住的窒息感，又好像对未知迷茫的状况有了一点儿安定感。

看着看着，莉莉不经意瞥了一眼时间，发现 5 分钟已经倏然而逝，她突然有些焦虑：怎么还没开始？于是莉莉马上抬头看向安安："没什么问题了。我们的咨询……应该从哪里开始比较好呢？"

咨询从哪里开始？任何你想的地方

"从哪里开始都可以，只要是你认为重要的、愿意告诉我的。"见莉莉没有回答，安安继续道，"可以讲讲你的困扰，或者说说你对这次咨询有什么期待。"

莉莉想了想说："真要说起来，这种感觉也挺模糊，怎么说呢……"

沉默在咨询室里蔓延，挂钟的秒针走动声格外清晰，莉莉的焦虑值在不断攀升。安安终于轻声接了话："我猜你很想让我马上明白你的困扰，但你发现一口气说清楚它没有那么容易。"

"其实本来我在开始之前还构思过要怎么开始，现在只感觉头脑一片空白，本来组织好的话也都忘了。"

"这很正常。第一次见面的紧张与陌生感，会让你想到什么吗？"

"我想起小学时我第一天入学……"这句话很意外地脱口而出，这完全在莉莉的计划之外，它仿佛一颗石子投入水面，引起的涟漪把莉莉的思绪带到了许多记忆中的情景里。莉莉的脑海里浮现出班主任从妈妈手里接过自己的手——那是完全陌生的手掌纹路，浮现出在喧闹的课间，自己缩进教室角落的画面……"妈妈把我领到校门口，我当时百般哭闹，但也知道之前很早就说好了要去新的地方，最后我也忘了到底怎么就进去了，后面一整天魂不守舍，老师讲的东西我几乎一句话也没听进去。"

安安微微倾身："被一只陌生的手接管，心里总会不安。可能你此时此刻的感觉也是如此吧。"

莉莉惊讶于安安会如此直接地描述自己当下的状态，但也感到有些被看穿的窘迫："你说得对，可是那……我该怎么办呢？我不知道这种感觉能怎么缓解。"

"所以你希望有人可以站出来帮你安定下来。"安安说。

"小学的时候没有人帮我，那种魂不守舍的感觉好像持续了一段时间。那时候我也不太会主动地和同学们交流，老师和爸妈都说我是个内向的人，不过他们觉得我长大就好了。现在的我的确没有小时候那么怯场了，而且我在社交的场合也越来越会表达，有时候还会很享受自己能主导话题、活跃气氛的感觉。不知道怎么回事，今天见到你，我一下子又紧张起来。让你见笑了。"莉莉努力憋出一个笑容来，笑声短促而干涩。

"你想让我相信，你的性格发生了一些变化。"安安回应道，"但可能也想让我不要忽略，小时候那个内向紧张的你还在心里，只是你感觉离她有些远，她对你来说似乎有些陌生了。"

莉莉感觉喉咙突然哽住，眼眶发热。她慌忙低头，盯着地毯上纠缠的藤蔓花纹："我有时在社交中，会突然有一种违和感一闪而过，好像那样的自己是个假人，那些展现出来的活泼、热情和乐观都是谎言……啊，对！我觉得这确实是我的一个困扰吧——我好像很难从和人交流中感觉到放松和享受。"

当看到安安用期待的眼神看着自己，让自己"再多说一点儿"后，莉莉逐渐打开了话匣子。

"我朋友说我很擅长提供情绪价值，表达能力也很突出，但有时候我觉得自己会陷入情感麻木的状态，而且有些真正想说的话好像怎么也说不出口。

"我导师、我妈对我都很关心，他们经常问候我，但是这让我感觉好像有些无形的压力，好像被追赶着要赶紧往前跑。

"我想起之前看过亚隆的书《成为我自己》，做真实的自己，那种感觉很美好，但我好像不知怎样才能达到那样的境界，我只觉得我好累好累……"

莉莉逐渐不再在意自己是怎么从这里说到那里的，她感觉自己憋回去的眼泪又有了些溢出的趋势，但因为安安对自己而言还是陌生人，她仍然会不由自主地收敛。

即将结束咨询时，安安说："时间过得挺快的，我感觉到你还有很多想说的，不过今天要停在这里了。和我谈话，你感觉怎么样？"

莉莉这才发现几十分钟的时间倏然而逝。她回答道："总体挺好的吧，但确实和想象的不太一样，我以为会是我和你讲述我的困扰，你告诉我问题出在哪儿。今天我确实说出了很多平时不会想起的话，但我还是有些迷茫我的困扰该怎么解决，我对那些问题好像还都没什么头绪。"

"当然，我们都想快速驱散糟糕的感觉。你想让我知道，你多么想摆脱迷茫，找到方向。"安安肯定道，"我们可以下次再聊。下周我们同一时间见。"

似是默认，莉莉轻声"嗯"了一下。

离开咨询室，地铁呼啸进站的气流掀起莉莉的衣角。她盯着车厢门映出的扭曲投影，那个影子时而缩成攥着书包带的小学生，时而膨胀成穿套装的陌生女人。

回想着安安的邀请，莉莉对继续咨询依然犹豫。"要不，还是找娜娜聊聊吧？"

我能从心理咨询中得到我想要的吗

咖啡厅外正下着小雨，雨滴在玻璃上蜿蜒成溪流。"莉莉！你开始咨询之前都没和我说一声，直接'先斩后奏'呀！"娜娜三步并作两步突然出现，欢快的声音打破了淅沥雨声的沉闷。

"感觉怎么样！听你的意思，好像还有些犹豫要不要继续呢。"

"是有些犹豫，我想让你从专业的视角帮我判断一下，这个咨询师是否足够专业。"莉莉一边说，一边给娜娜翻出了安安的简历。

娜娜有些吃惊："看起来这个咨询师受训很系统呀，是有哪些地方让你感觉她不专业吗？"

"我也说不上来。我当时看到她的专业履历也觉得很踏实，可能是和我想象的不太一样吧。"莉莉回答道，"我想知道一般和咨询师见面后，可以怎么判断咨询师的专业性呢？"

"最直接可见的是有没有咨询框架，你们签了知情同意书了吧？如果缺少对咨询框架的规范，通常是比较有问题的，比如有些不太专业的咨询师，会和来访者随意调整咨询时间，或者在咨询外随意联系……"娜娜思考着怎么把自己所学的知识整合起来告诉莉莉，"当然，签知情同意书也只是受过一定专业训练的标志，还有一些其他的'雷点'，比如有些咨询师会把咨询的效果承诺得很明确甚至有些夸张，还有一些咨询师会按疗程预先收取很多次的费用，不予退还，当然也有一些咨询师不怎么倾听来访者，讲起自己的理念一套一套的，不给来访者表达的空间，把咨询搞成'传教'一样，好像很容易被洗脑……"

莉莉想起安安坐在米色沙发上的模样，像一株安静的植物，连呼吸都轻得几乎融进空气里。"这些倒是都没有。不过怎么说呢……好像从我的感受上，如果她的态度非常笃定，我心里会更有底。"

"你知道最可怕的咨询师什么样吗？那种像算命先生的，见面就说'你缺爱''你原生家庭有问题'——标签贴得比贴快递单还快！"娜娜一本正经地开了个玩笑，"心理咨询是一项非常个性化的服务，毕竟每个人都是如此地不同，所以衡量咨询师是否专业的一个重要标准，就是你能不能感觉到她愿意尊重你的独特性，而不是急于给出一套放之四海皆准的东西。"

莉莉想起安安始终克制的回应，无奈地笑了笑："但是我觉得她给我的东西太少了，一节咨询下来我好像什么也没有得到，我不知道这正不正常。"

"正常，心理咨询没法预知走向。我'个人体验'的时候，已经给你'试过毒'了！"娜娜试图让氛围轻松一些，"你想啊，就像我们第一面认识一个陌生人，通过短暂的接触，你觉得你就搞懂对方这个人怎么回事了吗？显然是不可能的。心理咨询不是魔法，咨询师第一次见你能做的就是收集信息、建立关系，距离真正理解来访者的困扰还有很长的路要走，所以通常是我们自己有些焦虑，担心和这个人建立一段关系真的好吗。给这段关系一个机会，用一些时间去感受吧。"

"其实目前看起来，安安给我的感觉还是挺值得信任的。但是我总有种进展缓慢，自己在浪费时间和金钱的担忧。可能我更希望得到一些更确定的答案？"

娜娜把莉莉手里被捏得皱巴巴的纸巾给抽走了："有些答案就像带壳的蜗牛，得等它自己慢慢探出来！"

莉莉被娜娜灵光乍现的"双关"击中了，看着皱巴巴的纸巾，就像看到了自己的焦虑不安，让这焦虑不安从手心探出来，可真是不容易。

娜娜继续道："当然有指导性更强一些的咨询师，他们会把咨询中的谈话向既定的框架中引导，还会带你做各种练习并布置作业。有些来访者会很喜欢这样的咨询师，他们会感觉自己得到了非常强有力的支撑。但是你选择安安这样的咨询师自然有你的道理，或许你内心也并不真的需要这么多明确的指导吧。"

恰巧莉莉的手机一震，是妈妈的消息："闺女，最近怎么样？论文快写完了吧！有遇到什么困难吗？"莉莉不禁叹了一口气："你说得对，我对'教我做事'的人会有本能的抵触，因为有时候我自己都说不清困扰是什么，没有理解我的问题在哪儿就轻飘飘地提出建议，没法帮到我，反而会让我感觉到被束缚和干涉。"

"我们从小受到的教育都在鼓励我们按部就班，因此看不到明确的路径时就会有'被落下'的焦虑。心理咨询最终的目标是帮助你自己面对和解决生活中的问题，我们有时其实更需要一个充分探索的空间，逐渐厘清自己想要什么。"娜娜认真地说。

这些不舒服的感觉，之后会好吗

暮色中雨声渐弱。"和你聊过之后，我感觉清楚了很多，确实如你所说，我好像不是真的需要明确的指导。"莉莉说道，"但是我对是否要继续咨询依然有些犹豫，总感觉还有莫名其妙的感觉没有厘清……"

"可能你还有些模糊的不舒服的感受，一时还说不清到底是因为什么。"娜娜一边皱眉思忖着，一边试探着开口道，"也许你把说不清道不明的不安，捏成了具象化的质疑，比如怀疑咨询师的专业性？"

莉莉若有所思地点了点头："我能感受到安安在努力试图理解我，她会不断询问我感觉怎么样，有没有哪里感觉不舒服可以调整，但我好像也说不出来……"

"这不是你的问题。"娜娜试着把话接了过来，"清晰地表达自己的不舒服从来不是一件容易的事。"

"有时候我会有些不知所措，特别是沉默的时候。安安不像日常社交中的朋友会默契地打破沉默来避免尴尬，更多时候会耐心地等待我，这种时候我总是头脑一片空白。"

"很多人在咨询初期都会有陌生和不确定的感觉。"娜娜的嗓音放软，身体往前靠了靠，"可能你需要对这种感觉保持开放，试着和它共处而不是马上消灭它。"

"我之前也看过你的一篇文章，鼓励大家尝试耐受一些不舒服的感觉。但我会隐约觉得这有点儿'反人性'？"莉莉摇了摇头，"我说得有点儿乱，可能我想表达的是，我不知道在咨询中，耐受不舒服的边界到底在哪里。"

"说到边界，我想也许你担心被入侵和控制？"娜娜问道。

莉莉猛然抬起头："你说得对！我确实不够信任我的咨询师，担心会不会被她控制。唉，是不是我的防备心太重了？"

"任何人都有权利离开一段让自己感到不舒服的关系

呀!"娜娜笑道,"如果你在咨询中感觉到了很强烈的逃跑的冲动,你随时都可以选择离开,不必谴责自己。我的确听说过一些不够胜任的咨询师,会自恋地把自己的想法强加给来访者,或是以自己的专业权威审视、评判甚至威胁来访者,让他们产生强烈的自我怀疑。"

"你提到'被审视'的感觉,好像让我有点儿担心?因为咨询师既不会讲自己的事,也不会明确表达自己的看法和立场,而总是问我的感受,好像有些'敌暗我明'的被窥探的感觉。所以……怎么确认咨询师有没有风险?"莉莉的声音越来越低,轻得像在自言自语。

"我觉得你会担心,本身就意味着你有基本的分辨和自我保护的意识。不过听起来这种'审视'还没有在现实中发生,而更像是你对咨询师的想象。还记得我和你说过的'移情'吗?来访者会把对一些重要他人的体验转移到咨询师身上,理解这个过程本身就是心理咨询起效的方式之一。当你在咨询师脸上看见了你妈妈的一颦一笑时,就是挖到宝藏矿脉的信号了!"

或许是听到了"妈妈"这个关键词,莉莉的身躯忍不住猛地一震,随即打岔道:"好吧,不过我还是纠结是否要继续咨询。在我和你聊之前,我很想得到一个确定的答案,但看起来这些咨询中的不舒服意味着机遇与挑战并存?"

"你这句话值得专门写篇文章!"娜娜打趣道,"说到底是没有统一标准,你能相信的只有你的感觉。"

　　莉莉陷入了沉思：在接触心理咨询后，她经常听到"相信你的感受"这样的说法，而这是自己人生前 20 年都不曾听到，也不敢想象的。

　　她想起高中英语老师对自己的忠告："阅读理解不要太相信直觉，它可能是出题人设的陷阱，一定要回到原文找依据。"在高考后填报志愿时，莉莉曾萌生出学建筑设计的闪念，开玩笑式地和妈妈提了一下要不将建筑学报成第二志愿，妈妈却说选专业是件严肃的事，要多方收集信息，权衡利弊。

　　"不要相信直觉""不要心血来潮"……这些信条是如何顺理成章地跳入脑海中，甚至几乎成了一个高于自己的存在，莉莉不得而知，以至于当"相信你的感觉"这样的声音出现时，竟然是如此陌生……

　　想着想着，莉莉再次打开了与妈妈的聊天界面，手指悬在键盘上良久，最终只回复了一个笑脸的表情。

附：安安的咨询笔记
《写在首次咨询前的心理科普》

　　亲爱的来访者，你好！心理咨询可以提供一个安全的空间，供你开放地谈论自己的感受和遇到的困难。作为咨询师，我会尽我所能认真地倾听你讲的话，尊重你的感受与想法，不断尝试增进对你的理解。对于你的问题，我或许不能给出具体的建议，但可以帮助你更好地梳理自己的问题，陪伴你寻找更好的办法去面对。心理咨询起作用的方式包括但不限于：

- 在支持陪伴下宣泄情绪，缓解孤独感。
- 洞察自己面临的困扰背后的原因。
- 发展更积极的思维模式与应对方式。
- 改善人际关系，获得更多社会支持。
- 更加清晰地认识到"我是谁"，更多地接纳自己。

我们的困扰的形成往往是经年累月的，解决也需要一个过程。一般来讲，心理咨询不会在短短的几次会面内见效，达成长期效果需要坚持进行一段时间的稳定咨询。至于咨询中会发生什么，我们会走向哪里，这取决于我们共同的意愿和努力。

心理咨询的持续时长与你面临的问题和对咨询的期待有关。因此，我邀请你在咨询前尝试对以下问题进行梳理，也很愿意在见面时听听你的想法。

- 是什么困扰或契机，让你想要在现在与我进行咨询？
- 在你的经验或想象中，咨询是什么样的，它可以如何帮到你？
- 你对于进行本次咨询和对于我有哪些潜在的顾虑？

- 在时间和金钱投入上你的心理预期如何？客观条件的限制如何？

在咨询的开始阶段，我会全方位地了解你，包括你的困扰和希望通过咨询达成的目标。不过先别着急给自己贴上"有问题"的标签，或许你只是遇到了"麻烦"；我也需要能更多地看见和体验你作为一个完整的人是如何存在的，这样才能更好地帮助到独特的你。当然，我也需要审慎考虑在我的能力范围内是否能帮到你；因此，我可能会提出一些比较结构化的问题，或者对心理咨询的工作方式做一些必要的说明。

由于你可能对我、对咨询环境、对我们的谈话方式有些陌生，感到不确定和紧张是十分正常的。最重要的是照顾自己的感受，找到自在的状态，无须做刻意的呈现。愿我们共度一段特别的旅程！

第 6 章

如何让咨询更快起效？

对改变抱有信心，也给自己多些耐心

06

莉莉逐渐发现，自己第一次咨询后所有的犹豫和担忧，好像都在指向一个无法回避的疑虑：心理咨询到底能不能帮到我？莉莉想着：如果能马上看到咨询给自己带来的效果，就可以放心大胆地继续了。既然没有从娜娜那里得到答案，莉莉决定靠自己尝试，让安安更快地帮到自己。不过……

对咨询效果的正面预期

与娜娜分别时，雨已经停了。独自返回宿舍的路上，月光从树叶缝隙中稀疏漏下，斑驳摇曳的暗影仿佛莉莉心中无数悬而未决的疑问。当晚，莉莉躺在宿舍床上翻看娜娜的科普文章，手机的冷光映得莉莉瞳孔发亮。

一段文字突然引起了她的注意：

> 自我实现的预言：人们常不自觉地推动自己相信的预言成真。对咨询心怀希望的人，往往会更主动地投入咨询，更积极地为自己的生活负责，自然收获也更多。当然，这样的预期是具有事实基础的，研究表明，大多数抑郁症患者经过一定时间正规的心理咨询后，生活都会有所改善。

莉莉回忆起自己见安安前那种难以入眠的兴奋，那时的自己十分憧憬心理咨询能成为一盏指路明灯。然而这样的期待仿佛始终被一股无形的力量镇压，从未转化成做决定的果敢。

"要尝试心理咨询吗？""要找个怎样的咨询师？""要继续和安安咨询吗？"似乎在每一个关口，莉莉的脑中都会浮现出那句来自妈妈的忠告——"凡事要考虑清楚再做决定"。从小到大，自己早已习惯将"有备无患""审慎权衡"当作处事的金科玉律。

直到高中时莉莉才发现，有人完全不是这样，比如自己的同桌。在莉莉整天苦心钻研志愿填报时，同桌的内心早已有了坚定的答案："我相信我一定能学好喜欢的东西，冷门专业也不愁没有出路！"

彼时还曾嗤笑对方天真的莉莉，后来却见证了同桌成绩斐然、顺利保研，对专业的热爱越发浓厚，一步步成为自己想要的样子。而此时的莉莉只羡慕同桌当时那样莫名的信心，自己却像握着一把钥匙却迟迟不敢开锁的人，在通往希望的门前反复徘徊，画地为牢。

"莉莉，你也还没睡呀！"莉莉的思绪被室友的轻声问候打断，猛然发现早已夜深。

放下手机，莉莉仍是辗转反侧。她想着从与娜娜的对话中再找些支撑，下个决心。

"信任是'治疗联盟'的第一个方面。"娜娜的话好似又在耳畔回响，莉莉感觉自己心里的天平似乎有了些倾斜，一股正在从心底生发出的力量推动着自己纵身一跃。

她点开了安安的咨询预约界面，指尖悬在"确认"键上许久，最终按下。"相信直觉吧，也许信念比打消疑虑更重要。"莉莉暗自喃喃，仿佛在说服曾经那个蜷缩在教室角落的自己。或许是学霸头脑训练成的习惯性联想，莉莉马上想到了"治疗联盟"的第二方面——"咨询目标"。

"我可以直接和安安明确一下目标，也许就能让咨询尽快帮到我了"。莉莉感觉豁然开朗，首次咨询前的兴奋与期待似乎又回来了："或许这次就会不一样。"

和咨询师一起确定"往哪儿走"

第二次咨询，莉莉又是早早就坐在了米白色沙发上等候，指甲不自主地抠着帆布包。内心绷紧的弦，让她显得与飘着薰衣草淡香的惬意氛围格格不入。

"进来吧。"安安的声音让莉莉猛地抬头。在安安的对面坐下后，莉莉脱口而出，声音比预想中尖锐："这次……我想先定个咨询目标。"

安安点了点头："好啊，我很想听听你的想法。"随后她向后靠着沙发，准备着听莉莉的一大段输出。

"怎么说呢……最近我毕业压力比较大，论文写不出来了。"果然真到了要谈论自己的想法时，莉莉还是如鲠在喉，"我也不知道自己怎么了，明明知道沿着现在的思路继续写下去就行，可我一打开电脑就想逃走，忍不住开始玩手机。唉，也许就是我意志不坚定。"莉莉越说声音越虚弱，身体也塌了下去。

"听起来你的论文不是毫无进展，只是卡在了半路动弹不得。"注意到莉莉的气馁，安安的语气反而坚定起来，"我们可以一起看看是什么在阻碍你。你觉得这种无力感是从什么时候开始的？"

莉莉回想起自己入学之初干劲十足，但如今这份热情却几乎被消磨殆尽。"你不够上心！"突然，导师那句刺耳的话在莉莉的脑海中闪过。"我当时已经很沮丧了，她这么说我，我只说了句'我会改'就没吭声……可是我真的熬了几个通宵！"莉莉后知后觉自己竟已喉咙发紧，眼眶酸涩，"那之后，我就自暴自弃了。"

"好像无论你怎么努力都不会被她看到。你是不是感觉很委屈？"

莉莉沉睡的疼痛感复苏了。"我感觉不管我做了多少尝试，她的一句话就可以轻易地否定我。我现在一想到自己写的东西早晚要给她看，就感觉根本无从下笔。"

"努力没有被看到，的确让人很委屈。"安安随即话锋一转，"你试过认真地和她说说你自己的想法吗？"

莉莉对安安的提问有些意外："我只是觉得辩解没什么用，学生不就应该听老师的指导吗，我的想法也不一定成熟……"

"莉莉，被轻易否定的委屈让你如此痛苦，但你感觉不能为此做点儿什么，我想也许有什么让你更难面对。"安安深邃的眼神好像洞察到了更多，"所以我想邀请你想象一下，假如你写了一段内容发给导师，在她否定你时，你只是说出自己的考虑，会怎样？"

跟随着安安创设的情境，一种强烈的恐惧感袭来。"如果我认真地和她解释我的想法，就会把自己的无知都暴露给她。她肯定会抓住不放，从根本上质疑我无能。所以我宁愿她随意批评我两句。"莉莉随着那深邃的眼神，好像进入了更深幽的地带。

"你相信你在她眼里有很多漏洞，你感觉这好真实。"安安总结道，"所以你不能完全呈现自己，要藏起一些锋芒，也许这是你拖延的原因。"

"你说得对，"莉莉只好有些羞愧地承认，"所以看来现在问题的关键不在于我的拖延，而在于我害怕自己有一些真实的缺陷，不会被她接纳，而是会被她嫌弃，这可能会让我的毕业论文无法顺利通过。那我应该怎么办啊？"

太着急，反而原地打转

对于莉莉的问题，安安没有显得很焦虑："你想让我明白，你多么相信你的漏洞和缺点是真实的，你需要尽快做出改变，让自己变好。"

"是的！"莉莉猛地坐直身体，沙发不堪重负地发出吱呀一声。"所以我……我希望咨询可以更快地帮到我。"

"我很欣赏你希望改变的动机,而理解当下自己的处境,也同样重要。"安安停顿了会儿,继续道,"看似是当下这个问题困住了你,但更重要的是,你为什么会被这个问题困住,不是吗?认识你自己,认识这个陪伴你生活了20多年的心灵,我们才能真正接纳自己当下的状态。在平和接纳的基础上,踏实、有效的改变才会真正发生。"

思绪如潮水般涌来,莉莉回忆起咨询前的各种改变和尝试,却终究让自己感觉像西西弗推石头般徒劳。"但是除了不停地尝试以外,还能做什么呢?可能我还不太理解真正接纳到底是什么意思,总觉得放任不管只会更糟。"

"也许你害怕那个'放任不管'后面的结果,所以不得不马上跳走,急于'驾驶'着自己去行动。"安安解释道,深邃的眸光中蕴含着无限的耐心。"而真正的接纳意味着给自己更多空间,看一看'不停地尝试'之外,到底还有什么。那些一个人害怕走进的地方,或许两个人一起会好一些。你觉得呢?"

安安的话让莉莉又想起了高中同桌。彼时二人刚刚步入大学校园,在生活、学习上都有些不适应,经常聊天。当莉莉听说同桌觉得理想的专业和自己的想象有些差别,学起来有些吃力时,莉莉有些忍不住替同桌焦虑,同桌却说他相信"总会好起来的,慢慢来就可以了"。

莉莉当时难以置信,觉得这只不过是个自我安慰的说法；可前段时间的热词"松弛感"让她感觉用来描述同桌又确实是那么贴切——不同于"经典"的学霸形象，他的身上没有一点儿紧绷和压抑的感觉。"所以，到底是什么让他相信，慢慢来会变好？难道同桌的心里有人会陪伴他，一起走进'放任不管'的领域？"想着想着，莉莉不由对同桌开始羡慕起来。

"我也想修炼成他那种洒脱又自洽的状态，就类似你刚才说的'真正接纳'的状态吧。"莉莉忽然兴奋起来，随即露出了不好意思的笑，"你刚才说的什么来着，我就应该把那句话记下来反复看！下次我准备个笔记本，开始整理'安安语录'吧！"

"我相信那些对你真正重要的东西不用记下来，它们会反复出现的。"安安似乎不为所动，认真的样子显得有些不识趣，"你好想快一点儿往前走，但这样的执念或许反而让你更难抵达想去的地方。"

莉莉有些似懂非懂。从小到大，莉莉早已熟练掌握这样一套思维方式：先定义问题，明确方向；然后拆分解题步骤，逐个击破——这是自己赖以生存的法宝。而安安的话，让莉莉不得不承认，在此时此刻，这套逻辑在心理咨询中行不通。

"当我试图把话题聚焦到某个困扰，眼前全是它的时候，我好像只是在重复自己已经在头脑中整理过一遍的内容，原地打转。"

开诚布公地谈论当下的体验

尽管承认了安安的说法，莉莉仍放不下心中的疑惑，犹豫了一下，继续道："所以，咨询目标……其实不重要吗？我还是不知道该怎么办。"

"你希望我记得，对此刻的你来说，毕业论文真的很重要，"面对莉莉的疑惑，安安没有直接回答，而是提起了前面莉莉提到的咨询目标，"但你也希望让我知道，毕业论文只是你内心困扰的冰山一角。冰山之下，还有许许多多你自己也看不清的困难，等待着我们一起去探索。"

莉莉被安安的回应深深触动了：是啊！我希望安安可以帮我解决当下让我焦虑的事情，同时我不希望她认为这个事情就是我的全部，而是希望她能看到更完整的我。"我确实在努力让自己坦诚地告诉你我的所思所想，比如有时候我会感觉无所适从，可能也正因如此，我总想找一些话题作为抓手。"

"我想你在告诉我，你不敢完全信任自己的'自由联想'，你害怕讲出当下的真实感受，所以要带着分析和解释的头脑。"安安稍稍停顿了一下，"有没有什么此时此刻你对我的感受，让你感到'不自由'？"

莉莉一脸惊讶："啊，此时此刻对你的感受？此刻我对你有什么感受呢？我对你感觉还挺好的……"

"除了'挺好的'，还有吗？"安安显得不依不饶。

"没有什么了吧……也可能有那么一点儿？"莉莉感觉被

看穿有些不好意思，但随即提醒自己安安没有恶意，可以坦诚一些。

"直接当面表达对别人的感受并不容易。"似乎是不打算善罢甘休，安安持续向莉莉发出"当面说出自己的情感"的鼓励与邀请，"当然不一定是现在，你可以在任何觉得合适的时候告诉我你对我的感受。"

"好吧……"沉思片刻，莉莉继续道，"其实第一次见到你的时候，我确实感觉你没有照片上的那么热情外向，有时候你的沉默会让我感到局促……"

走出咨询室的那一刻，莉莉仍然沉浸在一种难以言说的释然之中，仿佛连阳光都变得格外温暖和明亮。虽然不知道讨论这些看似琐碎的个人感受与自己的主要困扰之间有何明确的联系，但莉莉感受到了一种陌生的自由，同时也泛起不安和焦虑——任何感受，就连对眼前这个人的感受，也可以被如此开放地谈论……吗？

莉莉感觉迫切地想找人分享这些新奇的体验，脑海中自然又浮现出了那个名字：娜娜。

增进对咨询过程的反思

"你果然还是继续咨询了！"同样的咖啡厅，同样的位置，听着莉莉的讲述，娜娜脸上也洋溢着与上次同样的兴奋。

"但我感觉自己总是等不及，想让咨询更快、更好地帮到我。"莉莉无奈地耸了耸肩。

"大学霸，你也太'卷'了吧!"娜娜笑道，"你看这两次咨询后，你都会找我复盘一下，我觉得这样的尝试就很好呀! 这样就可以帮你核对一下，自己有没有从咨询里得到自己想要的。"

"我到底想要什么，这真不是个容易回答的问题。就像之前我对想要什么样的咨询师，也会有矛盾的感觉。"

"是的，人总是更容易感觉到自己对什么不想要、不满意，但不一定清楚自己想要去向哪个方向。"娜娜想了想，继续说，"当然，从我自己的经验来看，我觉得时常回顾自己的体验是个不错的方法，你可以更清晰地看到咨询带给了你什么。"

"回顾体验……这样会不会有些刻意呀?"莉莉显得若有所思，"安安好像并不鼓励我记录她说的话。"

"咨询师的话不等同于'你的体验'哟!'你的体验'应该是你自然从内心生发出来的东西。"娜娜笑了笑，补充道，"不断梳理你的体验，会让你对自己的内在过程越来越清楚，也会更清晰地看到自己发生的一些细微的变化。这种经验积累多了，你就会逐渐找到走出困局的力量和信心。"

莉莉附和道："确实我感觉经过这两次咨询，我在逐渐变得更加坦诚，分享欲也更强了，能把自己的想法说出来确实是个很畅快的体验，这也让我对后面的咨询更加期待。我很乐意做这样的总结，当然我也很想和你分享一些印象深刻的咨询片段。你不介意做我的'树洞'吧?"

"当然不介意！"娜娜不假思索地回答道，"我作为成长中的心理咨询师，也很想知道成熟的咨询师会怎么处理一些情况。如果你愿意告诉我这些的话，对我也很有帮助！"

将收获迁移到生活中

一拍即合，在每周莉莉结束咨询的固定时间，娜娜都会准时等莉莉找来，复盘刚才在咨询室里发生的事。一想到和安安见面后，还有和娜娜聊天的"第二份幸福"，莉莉就对每周的咨询更加期待了。

娜娜也会经常记录交流中的灵感，发表了很多关于"如何获得更好的咨询效果"相关主题的文章：

> "有一个概念描述了心理咨询让来访者发生改变的机制，叫'矫正性情感体验'，就是在咨询过程中创造来访者过往生活中所缺乏的新经验，让来访者产生一种'原来还可以这样'的体验，然后通过不断强化新经验，逐渐替代旧经验。所以，如果你想让咨询发挥更好的效果，可以主动尝试将自己在咨询中获得的'矫正性情感体验'带到咨询室外，在生活中尝试新的思维与行为模式。当然，任何新的尝试都是踏出舒适圈的过程，过程中也可能遇到各种困难，你也可以将过程中遇到的困难和产生的新体验带到咨询中探讨。"

每次阅读和回复读者的评论，娜娜都会由衷地感到作为心理学从业者和科普宣教者的成就感，而这种感觉在一次接通莉莉的电话时达到了顶峰。

"娜娜，你知道吗？就在刚才，我鼓起勇气和我的导师谈了一次！我没有像以前那样条件反射地说'我会改'。虽然导师不是很赞同吧，但她只是让我再多找找资料，没有全盘否定我。我才发现，她没有我想象得那么凶。不管怎么说，坚持把自己的想法说出来，这种感觉真的很好！"

种下的种子终于收获了果实，娜娜感到由衷的欣慰。"太棒了！你真的开始把心理咨询中的体验迁移到生活中了。我为你骄傲！我感觉你越来越相信自己的直觉，越来越会倾听自己内心的声音。我相信这样的改变不仅仅适用于和导师的关系，它可以渗透到你生活的每一个角落。"

"谢谢你，娜娜！没有你，我可能还迈不出这一步。"莉莉的言语中充满了感激之情。

同时接受其他形式的帮助

然而随着莉莉的咨询逐步深入，娜娜感觉和莉莉对话的氛围发生了微妙的变化。尽管娜娜每次都会毫不吝惜赞美的话，为莉莉在咨询中的感悟和突破欢呼雀跃，但莉莉似乎变得越来越"难哄"："可是我觉得最近的咨询好像有些卡住了？虽然我知道了症结所在，但我的拖延还是经常反复。"

"心理问题经常是'多因一果'的，不像文学作品里那样，一个顿悟就能让问题彻底消失呀！"

"可是我觉得明明找到了方向却还动弹不得，这种感觉更难受。"

"要不你看看这个？"娜娜随即转发了一篇文章给莉莉。

目前，心理健康的"生物 - 心理 - 社会"模型被广泛支持。来访者在需要的时候可以同时接受其他形式的生物、心理、社会层面的帮助与支持，将其与心理咨询有机结合，则会进一步放大心理咨询的效果。

生物：医学诊治与维持健康生活状态

结合生物形式的帮助主要针对一些伴有精神疾病诊断的来访者，常见形式为药物 - 心理联合治疗。提醒来访者应在以下两种情况下考虑去精神科检查，以寻求生物形式的帮助：第一，咨询师建议寻求精神科帮助；第二，同时伴有躯体性质问题或精神类症状。

此外，人的身体与心理状态之间会互相作用，这提示我们保持健康的生活状态对于心理健康的重要意义。因此，在借助心理咨询来提升自我的同时，也不要忽视照顾好自己的身体，如维持稳定的作息规律、合理膳食、进行适度的体育锻炼。

心理：其他形式的心理咨询与心理自助

来访者在接受常规心理咨询外，还可以考虑以下两种类型的心理帮助。

第一，团体心理咨询、心理工作坊等。这些形式的心理支持往往与个体咨询的视角和关注点不同，更加聚焦于人际关系而非来访者的内在世界，作为来访者也可以获得不同维度的收获。

第二，心理自助类的服务，包括心理学课程、心理学书籍等。同时学习一些心理学知识与理念，有助于将它们作为进一步理解自己、改善自己的工具。不过需要注意的是，心理自助类服务更偏向于认知上的领悟而非体验上的领悟。

社会：亲友与社群支持

心理咨询无法处理来访者全部的、每时每刻产生的困扰，如果能在心理咨询的同时寻求一些社会支持，将有助于来访者更好地应对负性情绪与困难，为心理咨询的进展保驾护航。

社会支持主要包括亲友支持、社群支持、社团与社交活动。亲友支持即来自与来访者个人关系较为紧密，使自己感到信任与安全的重要他人的倾听、陪伴、鼓励、安慰、建议等；社群支持则主要指在与自己情况类似的人组成的群体中获得共鸣与支持，共同寻求资源，形式涵盖线上及线下、免费及收费的不同社群；社团与社交活动指在与自己存在共同兴趣的团体中交流知识见闻、沟通情感，以及与有同好或素不相识的人完成一些共同进行的游戏和任务，如桌游、午餐会等形式。社会支持有助于来访者即时情绪的缓解，帮助来访者产生"我不是一个人"的感受。

没过几分钟娜娜便收到了莉莉的回复："看完了，要不电话说？"犹豫了片刻，娜娜还是答应了。

"我一直在保持运动和健康饮食，还看了很多心理自助读物，另外和你讨论我咨询中发生的事，也算社会支持的一部分吧。我感觉你提到的各方面，我都已经在尝试了。你说是我做得还不够吗？"

"嗯，你已经很努力了……"娜娜感觉自己被笼罩在了一种无形的压力之中，除了顺着莉莉的话说好像别无选择。她还在苦思冥想怎么回应，电话那头就又传来了莉莉期待的声音："所以我万能的娜娜心理大师，你一定还有什么好点子对不对！"

娜娜沉默了。最初听莉莉讲述她的咨询心得和困惑的那段时间里，娜娜的那种期待和兴奋感，在逐渐衰退，而莉莉的热情却丝毫未减。娜娜感觉自己被莉莉"卷"到了——她怎么那么拼命！

娜娜甚至被自己如此不耐烦的感觉惊到了，毕竟莉莉是自己多年的闺密，自己怎么会嫌弃她呢？但是娜娜的的确确感觉到，莉莉在自己这里简直就像一个不停呼唤妈妈的小孩子，妈妈一旦没有回应，孩子就会变本加厉，发出声嘶力竭的叫喊。

"我应该更接纳并共情莉莉的困扰，应该为莉莉主动在关系中寻求支持的尝试感到高兴，应该更小心地保护莉莉的热情……"娜娜心里一惊：可这些不都是在拿咨询师的标准来要求自己吗？

　　娜娜不得不承认，不管是因为莉莉的信任，还是出于自己"练手"的需要，这段时间以来自己似乎越来越不像莉莉单纯的朋友，而是扮演起了莉莉的"2号咨询师"的角色。在双重角色的拉扯下，自己作为容量有限的树洞早已不堪重负。

　　"这些的作用都不能代替心理咨询呀！就算用再多辅助的方法帮助咨询起效，作用也都有限。"想了想，娜娜觉得是时候明示一下莉莉了，"就拿社会支持来说吧，除了我以外，你可以去寻求更多人的支持呀。而且你看，毕竟咱们这样的交流不像心理咨询那样有严格的边界和设置，这样随时满足你的需要，对你可不一定是好事。所以要让咨询对你更有帮助，还是等到咨询里再和安安讨论比较好，毕竟我不是你的咨询师，安安才是，对吧？"

　　莉莉感觉好像心里扎进了一根刺，她不明白，明明娜娜一开始这么鼓励和支持自己坦诚地表达，态度怎么突然来了一百八十度大转弯？"娜娜为什么突然开始把我推远了？她在说我没有边界感，随时随地向她索取情绪价值？会不会她已经厌烦我很久了？"莉莉不禁开始在心中质问自己，为何要和娜娜说这么多。

　　思来想去，莉莉只回了句"好的，我知道了"，便再没多说什么。

第 7 章

咨询停滞不前？

有关信任和依赖的考验

07

莉莉走出咨询室后，又一个人独自崩溃了好久好久。莉莉不知道多少次经历这种感觉了，她很想问她的心理咨询师：为什么一切还是如此糟糕？但是莉莉不敢问，她最害怕得不到答案。莉莉很想相信咨询师的话，但本能反应让她拒绝相信……

遭遇难关

三个月前，莉莉刚刚从学校毕业，走上了工作岗位。在学校早已习惯了做"好学生"，莉莉对职场的处事方式和人际关系感觉非常不适应。莉莉强烈地感觉到自己是单位里"最小"的一个，只能看别人脸色，先成为别人喜欢的那一个，才能生存下来。

莉莉原本以为，离开了导师就可以获得解脱；但很快，在和领导的相处中，莉莉再次被同样的困难所折磨——不敢向对方表达自己的诉求，总是忍不住揣摩对方的意图。

最近的咨询中，莉莉常常感到困惑和绝望。她明明感觉咨询已经给自己带来了很多积极的改变，但有时又觉得它们是如此经不起考验，自己的生活还是逃脱不掉西西弗式的重复。

有一次，从安安的咨询室里走出来，莉莉感觉特别难受。阴天，灰蒙蒙的天气仿佛在说，这样下去没有什么希望，生活一直如此。莉莉感觉眼角一凉，又一颗水珠滑下来——下雨了吗？莉莉搞不清楚，这悲伤源自内心，还是来自环境。

莉莉坐上公交车，看着熟悉的街景，这是一年多以来，每次来见安安都会经过的路。在莉莉看来，返程的路途上，这边的街景总是比去程路上的街景要丑陋好多。有许多倒闭的商铺，贴了又撕、撕了又贴的招租信息，透过玻璃往里看，是各种的破败不堪。而回想来时的路途上，有几家连锁餐厅、咖啡厅、奶茶店，有一家店总是很多人排队，人气十足。

"唉，我还要继续这段心理咨询吗？"莉莉感到浑身发冷，为自己冒出这个念头感到害怕。安安是那么温柔、包容，不论自己说什么，都会认真地倾听。"我好像从来没有见过她不高兴的样子。"

每次莉莉想要张口说点儿真正重要的事情时，看着安安温柔的脸，感受着殷切的期待，话到嘴边了，她还是吞了回去。怎么能在这么美好的地方，散播这么恶毒的感觉呢？莉莉不想破坏和安安待在一起的美好时光，心里挣扎着："它本就那么短暂，每周才有50分钟，我怎么可以不珍惜它呢！但这样的咨询也太让人难受了！"

莉莉也曾动过念头，要不要再联系一下娜娜，就像过去那样，询问她在心理咨询中遇到这种、那种情况时要怎么办，毕竟娜娜是自己在"心理咨询圈"唯一的"人脉"了。

"可是她还愿意听我讲这些吗？"好几次打开了聊天界

面，最终莉莉还是硬生生把话憋了回去。但莉莉还是好想知道：别人的心理咨询是怎么进行的，大家都会在咨询中遇到如此困难的时刻吗？

同辈支持

好巧不巧，大数据真是"读心"高手，在你冒出某个念头，甚至还没有说出来的时候，它好像就看透了你想要什么。这一天，莉莉在社交媒体平台上浏览到了一个帖子，是一位"资深来访者"招募同样有经验的心理咨询来访者，大家在线上组团，一起聊一聊在见心理咨询师的过程中，各自踩过的坑，互相支持，互相分担。莉莉毫不犹豫地报名了，心想："这简直是为我量身定做的团体，这正是我想和人交流的地方，之前一直苦于没有找到这样的交流对象，这回送上门了！"

第一次团体会议在周三晚上 7 点半，莉莉提前吃过晚饭，收拾了一下心情，把自己心中的困惑准备了一下，提前 10 分钟就坐在电脑前，一边等待会议的开始，一边漫无目的地浏览着社交媒体平台。

很快视频会议到点了，莉莉进入会议，发现已经有 7 位成员在场了。大家陆续打开摄像头，莉莉看到 7 个陌生的面孔和不同的背景画面浮现在视频会议上。一时间，莉莉感到有些紧张，不知道该如何加入这场谈话。好在组织者看起来很有经验，那是一位打扮干净利落的中年女士，她看起来相当有气场，马上开始自我介绍："大家可以叫我阿洁。"

阿洁有非常丰富的见咨询师的经验，前后见过三位咨询师，与三位咨询师的咨询分别进行了 1 年、3 年和 5 年。目前她在和第三位咨询师一起工作，到第五年，又感觉到被卡住了，于是想到了今天这个点子，希望和大家聚在一起分享彼此的咨询感受，看看有没有可能找到彼此在见咨询师过程中的瓶颈。阿洁也很愿意分享她在 1 年和 3 年的两段咨询经历中，可能会被什么感觉卡住，以至于很难度过那些艰难的时刻。

很快大家都开始自我介绍。莉莉发现自己是这里咨询经验最少的一位，原本她觉得见咨询师 1 年多、快 50 节的过程，已经是一段相当长的旅程了。莉莉完全没有想到，除了自己，这里的每一位都有超过 100 节、2 年多的咨询经历。这让莉莉感觉很矛盾，一方面她担心自己是最"小"的那位，没办法给别人提供有价值的分享，但另一方面她很兴奋，这里的其他人都比自己"大"，有好多新鲜的事情能够让自己学习。

大家七嘴八舌地讨论起来，每个人都说了在自己的咨询师那里体验到的方方面面，莉莉也鼓起勇气和大家讲述了自己最近的感受。尽管莉莉觉得自己的困难和大家的不太一样，他们说的话自己不完全明白，但能把自己的困难在这里说一说，莉莉感觉心里轻松了许多。一直以来犹豫要不要说、能不能说的一些感觉，莉莉发现在这里都可以说。大家都那么有经验，她这点儿小心思好像算不上什么，不会引来任何大惊小怪，是非常平常的事情。

信任：这个咨询师可信吗

今天大家谈论的是关于"信任"的主题。阿洁先分享了自己的体验。

"信任不是一蹴而就的。在咨询的初期，我或多或少也冒出过这样的疑问：这个咨询师，能帮到我吗？现在回想起来，我觉得这是一个好的开始，说明我正在思考——我和咨询师的关系怎么样。对于信任这个问题，你们怎么看？"

"我觉得信任首先建立在咨询师的专业性上。他的学历、受训背景、咨询经历，甚至他的年龄、我找到他的那个平台等。"

"但是，另一些时候，我们信任一个人可能完全和专业性无关。在很多时候，信任的背后不是专业性，而是关系。"

"是的，当我考虑去相信这个咨询师时，除了对他专业性的认可之外，我相信的是——他内心里最重要的意图就是帮助我。我从感觉上对他的善意抱有信心，相信他不是别有目的，诸如，赚我的钱，从我这里套得秘密，表面认可我而内心鄙视我，从而满足他自我良好的感觉……"

对于大家的讨论，阿洁总结道："所以，如果你对这件事冒出了疑问，可以问一问自己——我觉得这位咨询师哪里可疑？这不是一个即问即答的问题，这个问题的答案，往往需要相当长的时间才能浮现出来。而浮现出答案的过程，其实就是咨询能够帮到你、产生效果的一部分。"

随后，也有成员表达了不同的看法。

"咨询中也存在一些时刻，信任的裂痕是很明显的。比如说咨询师迟到了，而他竟然当作什么也没发生，不直面这个问题。又或者你清清楚楚地听到咨询过程中，咨询师的手机铃声响了，并且他也明显因此分心了，没有关注你刚刚说的内容。"

"我觉得如果我是来访者，咨询师有这样的表现，会让我非常确信，这位所谓专业的咨询师并没有全心地想要帮助我，没有投入足够的善意。"

"我觉得当我们有这样的即刻答案时，可以直接跟咨询师表达。比如'你迟到了3分钟，你是不太想见到我吗？''很多次我感觉你都心不在焉了，我的话让你觉得很无聊？'。"

阿洁也接上了这个话题："我想这是个不错的尝试，这样就给了我们一个检验信任的机会，让我们看到面对这样的挑战，咨询师的关注点是还能在你身上，还是他忍不住想要解释和防御。"

其他成员在阿洁的引导下，开始列举起咨询师带给自己不同感觉的反应。大家纷纷赞同，如果咨询师在被你的不满与愤怒攻击后，依然能关心和试图理解你的感受，那么"失误"造成的信任裂痕也许能被修复。比如：

"被另一个人厌烦和嫌弃，会让人感到羞耻，很伤自尊，你很担心会被我这样对待。"

"被忽视让人感觉很糟糕，你希望我不要这样对你。"

而如果咨询师开始为自己开脱，避免"引火上身"，或者否认你的情绪的合理性时，这样不太专业的表现就很难让人信任了。比如：

"啊，堵车了，最近路况不太好嘛。不算啥。"

"我不就迟到了几分钟吗？给你补回来就是了呗。"

阿洁在最后总结道："很重要的是，你感觉咨询师愿意投入到你们的关系中来，他愿意去感受那些你感受到的情绪，哪怕是极度的愤怒与恐惧，或者极致的忧伤与抑郁。如果他承受不了这样的情绪，至少他能真诚地告诉你，他被吓到了，那也是好的。可是，如果他总是躲避这些，想要隔岸观火，那么，信任的确是很难建立起来的。"

一个半小时的谈话很快过去了，阿洁邀请大家下周同一时间回到这里继续。莉莉感觉意犹未尽，对阿洁的总结尤其印象深刻。她在心里仔细想了想："我信任安安吗？"

莉莉给出了肯定的答案。

想得到咨询师的建议被拒绝

没过多久，此前的领导晋升了，莉莉被安排到了一位新领导的手下。这位新领导的风格可完全不一样——是那种你问他这件事是"这样还是那样"的时候，他会回答你"还是"的人，这让莉莉完全摸不着头脑。

莉莉感觉之前的领导虽然强势，但至少还算开诚布公，这样领导让做什么她就做什么，自己安稳地做个执行者就好，不用有任何一点儿自己的"胡思乱想"，反倒是轻松的。可现在，莉莉20多年来的生存哲学，在这一任领导面前完全失效了。

上次新领导找莉莉谈话，说出了一句让莉莉完全无法理解的话，那句话深深地戳中了她的心："莉莉，最重要的是你要想清楚，你想在这个平台做点儿什么，你想实现一些什么。要大胆去碰，碰得上是一场缘分，碰不上大家好聚好散也没问题。"

莉莉惊呆了：什么叫"我想实现什么"？这是莉莉从来没有想过的事情。而且什么叫"好聚好散"？这些话语就像盘古开天地一样，劈开了莉莉的大脑，一些混沌的、全新的东西闪现出来，很长时间里让莉莉心烦意乱。

这周来到安安的咨询室里，莉莉一股脑儿地把这种全新的、混沌的感觉倾倒给了安安，希望安安告诉自己"应该怎么办"，就如同在迷雾中航行、看不清前路时，渴望一张清晰的地图。然而，莉莉感觉安安的回答同样混沌、暧昧，这让莉莉十分困惑——是这样的，可是然后呢？我希望你能递给我这张地图啊！莉莉感觉绕来绕去，说了半天，也没有从安安那里得到一句指令明确的建议。

"我到底应该怎么办啊？"莉莉无奈叹气。

"你很希望我像你的老领导那样，手把手指示你去工作、去生活，但你感觉我像你的新领导一样，让你自己去主导，这让你感觉很害怕。你不确定自己主导会搞成什么样子。"安安冷静地描述着当下的状况。

"我习惯了过去那样，我没有主导自己工作和生活的能力！"莉莉近乎要喊出来。她就是那么坚信自己的无能，可是为什么安安就是不明白呢？

"你很想让我相信你，相信你感受到的你自己的无能。但我也看到，你过去一直跟我说，在老领导的管理下，你有那么多的委屈、憋闷，你那么多的想法和创造力都无法呈现。你也希望让我看到，你有自己的想法……"安安也有些激动起来，说了很长一串话，比她平时说的要多很多。

莉莉被安安的情绪感染到了，她冷静了下来，思考安安的这句话。的确如此，如果我一直待在领导的庇护下，我永远也没有机会去实现自己的想法。但这个想法太脆弱了，在下一个瞬间，恐惧的浪潮席卷而来，莉莉不自觉地浑身发颤，她使劲摇摇头，想把刚才那个"大逆不道"的想法"甩出去"。她还是觉得，自己必须从安安那里获得一个明确的指导，但这节咨询的结束时间到了。

莉莉带着巨大的失落和惊慌，走出了咨询室，这是她第一次感觉到，自己在一种未受保护的状况下走出那栋大楼。那种感觉，就像是赤身裸体走到了室外，首先是严酷的自然环境让人感到寒冷，随即而来的是他人的目光，让人无地自容。

"我不该以自己原本的样子存在！"莉莉心中冒出了这样一个念头。她心中浮现出自我的模样，那是一具丑陋的身躯——人类的身躯就像一团肮脏的肉球，令人厌恶。自己怎能以这副令人厌恶的模样，出现在这世上？

莉莉飞奔回家，无比期待周三的聚会，希望从阿洁和那些前辈那里获得一些支持。

这周三的聚会上，莉莉从大家那里获知，原来咨询师不给建议是非常普遍的现象。

"很多时候如果你的咨询师给你建议，那些建议一开始也是没用的。归根结底，原因在于，人的成长与改变总是缓慢发生的，没有人能一夜之间长大，那些'一夜之间'发生的改变，只会是创伤，而不是成长。"

"但是我觉得对于是否给来访者建议这件事上，也没有那么绝对？据我所知，有些咨询师对给来访者建议非常谨慎和节制，他们会以更加自由和无结构的态度去和来访者谈话。但也有些咨询师会以更加主动和结构化的姿态，去对待来访者。"

这样的不同意见很快引发了成员们激烈的讨论。随着讨论的深入，大家逐渐达成共识：这二者的出发点不同，但目标是一致的。

一派会认为，"练习"产生改变，就像学弹钢琴、学开车一样，"熟能生巧"。所以，改变的一开始，是"模仿"，是"假装"。比如，你害怕与人打交道，因为你有一个核心信念是"我不会被人喜欢"。那么这一派强调，你首先要"假装"你是"被人喜欢"的，或者"模仿"那些"被人喜欢"的人，他们是怎么与人打交道的。用这样的"假装"和"模仿"的姿态去行动。通过行动的"现实检验"来改变你的经验，让你慢慢吸纳新的经验，特别是成功的经验，从而改变你的信念。这种改变的过程是"由外而内"的。

但另一派的看法不同，他们认为"领悟"产生改变，就像解数学题，"啊哈"一下，发现了规律，自然一通百通。比如，你害怕与人打交道，不仅需要知道你的核心信念是"我不会被人喜欢"，还要去探索，为什么你有这样一个信念，这个信念来自哪里。它可能来自从小的成长经历，来自爸妈、同学、老师、邻居街坊，这些经历和人一次次传递给你这个信号，而在传递过程中，扮演重要角色、发生重大事件的那些经历，塑造了你人格的基础。当你对过往事件的很多面有所观察，并有更深的理解时，你自然知道了——"不被喜欢"的感觉来自"过去"，而当下"被喜欢"的经历是有可能发生的。于是，你会"由内而外"发生改变。

所以，前者给你建议，鼓励你去行动，而这些建议，在咨询早期，常常会以"失败"或"不那么成功"的体验告终，因为在行动的早期，你就是在"模仿"和"假装"。就像学习弹钢琴一样，初学者就会在"练习曲"上屡屡受挫。这个时候，坚持和勇气就显得尤为重要，半途而废终难练好优雅的曲目。

而后者，自然不会给你建议。因为他们相信，"模仿"和"假装"无法快速内化，重要的是，我们要先去做更多的自我探索和自我觉察。只有更多地了解和认识自己，才能有所顿悟，发现自己人生的"密码"，从而一通百通。

"所以，选择哪种模式，取决于你是更想冒着一点儿风险快速行动起来，还是对'我究竟怎么了'这件事有更多好奇，想对自我有更深的了解。"阿洁最后总结道。

莉莉带着这周三的收获，回想自己和安安的咨询历程："安安应该是后一种情况，她一直那样悄无声息地陪伴，但总在我要崩溃的时候，温柔地接住我。"莉莉想到这里，感觉对安安的失望和愤怒缓和了许多，咨询中温暖和支持的感觉重新回到她的心中。

我真的能依赖咨询师吗

莉莉和安安的心理咨询在风平浪静中又持续了三个月。自从上次经历那种未被保护的感觉之后，莉莉选择在咨询中诉说的事情越来越保守，她也越来越小心地避免提出过分的要求，这让她们的咨询在这段时间陷入了僵局。

安安感觉到了这一点，并提出了这个问题："莉莉，你有没有觉得我们最近的咨询在兜圈子？我想知道，你有这样的感觉吗？你觉得发生什么了？"

这个问题就像是暗夜里的流星，划破了宁静的长空，让原本平静的氛围一时间"刺眼"起来。莉莉不得不面对某些她一直回避的情感，她只是点头，但也说不出来到底发生什么了。长久的沉默之后，莉莉把话题转向了她们最近一直兜圈子的地方，她又说起这周和新领导之间的冲突。还是老生常谈的那一套，莉莉向新领导求助，问这个事情要怎么办，而新领导和老领导完全不同，根本不给出有建设性的意见，而是让莉莉自己去探索解决办法。

这一次，安安突然听懂了："莉莉，你想告诉我，你很想依赖我，让我告诉你要怎么办，但你害怕真的依赖我，因为你担心我不能给你指导，那会让你感觉被抛下。"

"我真的能依赖咨询师吗？"听到安安这句话，莉莉在心里默默地想，这是她从来没有考虑过的事情。但莉莉把这个怀疑的感受忍了下来，转而跟安安说："我已经不需要你的指导了。"

莉莉其实是需要指导的，她心里很清楚，但当那次要建议而不得的经历之后，她一直耿耿于怀，觉得："咨询师就是给不了我想要的，而每周三一聚的团体可以，每次我都可以在这个团体中得到我想要的答案。"

这次，莉莉把安安提到的关于"依赖"的话题带到了团体中，得到了很多新鲜的视角，有些是自己完全没想过的，有些是在和安安的咨询中一直在发生，但自己竟然对此视而不见的。"能够适当地依赖他人，并保持一定的独立性，是心理健康的标志之一。"这是莉莉在这次团体会议中记下的金句。

大家分享的过度依赖的情况有这些：

- 每次咨询结束时，你很不情愿结束，希望这样的谈话可以一直进行下去。
- 你觉得，见咨询师的频率和时间不够，你希望每周多见几次咨询师，或者每次能够多谈几个小时。
- 在两次咨询的间隔，你有许多心得、情绪、想法、新鲜事，忍不住想要和咨询师分享。
- 把咨询师的话写下来，平时情绪糟糕的时候，拿出来看一看。或者特别想从咨询室里带走一点儿什么，可以在每时每刻陪着你，好像咨询师就在身边一样。
- ……

而相反的情况，拒绝依赖的情况有这些：

- 避免向咨询师袒露你的情绪和感受。
- 回避谈论在咨询当下、此时此刻你对咨询师的感觉、评价和想法。

- 尽量不和咨询师有眼神接触。
- 避免向咨询师直接表达你的需要和渴望。
- ……

　　莉莉对照着大家的分享，想了一下自己的情况："我简直就是一个完全矛盾体，这里的每一条都仿佛在说我。"一方面，在咨询进行的当下，莉莉好想逃离，不想回应安安对她当下情感和需要的探究；另一方面，在咨询结束后，莉莉总感觉有些失落，好像没有从当天的咨询中带走一些什么，希望和安安在一起的时间更长一点儿就好了。

　　莉莉把这个感觉在团体中分享了出来。阿洁的一句话让莉莉感动，她说："这就是你去见你的咨询师的缘由呀。"

　　莉莉心想："是啊，这就是我去见安安的缘由。"

第 8 章

人生总是这么痛吗?

直面痛苦的路总是少有人走

08

不知不觉，周三团体会议已经进行了大半年了，莉莉和每一位成员都很熟悉了，大家也越来越深入地谈论自己的人生故事。最近这一个月，成员凯利开始了对母亲强烈的反抗。凯利曾经不被允许做心理咨询，而在她身上发生的转变，让莉莉深刻地体验到，心理咨询注定是一场直面痛苦的旅程。

令人窒息的母女关系

凯利是团体里年龄最小的。在团体会议刚开始时，她刚满22岁，正逢本科毕业，但她的咨询经历并不短，自读大学以来就开始见咨询师，至今已经四年了。

但是从一开始，凯利就不被允许做心理咨询。在整个中学时期，在父母的严厉管控之下，凯利多次提出自己"快要疯掉了"，希望父母带自己去看心理医生，但父母只是觉得她找借口不想学习。

熬过噩梦般的中学时光，凯利来到大学里，她费尽全力坚持不留在本地读书，来到了父母管不着的地方。刚入学她就开始寻找心理咨询师，可是在网上搜了一圈资料后，发现自己实在没有足够的金钱支持自己做付费的咨询，于是她只能寻得学校的学生心理咨询中心，在那里接受了一年的免费咨询。尽管学校的免费咨询每学期只能提供8次，但也帮助凯利度过了艰难的大一新生活。刚上大二，凯利利用第一年省吃俭用的钱和因优异表现获得的奖学金，开始了付费咨询。这位成熟的咨询师也因为凯利的学生身份，给了她一个低费用的设置，让她能够长期坚持这段咨询。整个过程她没有向家里要一分钱，她也坚信父母像过去一样，绝不会支持自己去见咨询师。

凯利的妈妈是一位中学老师，从小到大对她的管束非常严格，毕业后要去哪里、做什么，妈妈也给凯利完全规划好了。这种极具控制的"母爱"，多年来，让凯利感到窒息，她总是为了满足妈妈的期待，而做自己并不感兴趣的事情，可是她也无法反抗妈妈，那样做会让她感觉到非常内疚。唯独的一次反抗，是大二时凯利交了一个男友，要和男友出去旅行。然而，妈妈听到这个消息，跑到学校里，把凯利狠狠地骂了一顿，还痛哭流涕地抱怨，自己为凯利付出这么多，她就是这样回报自己的。凯利觉得非常自责，认为自己实在是太不应该了，自此和男友分手。

在毕业时，凯利有两个工作可以选择，一个是妈妈在家乡给凯利"安排"的既稳定又舒适的工作，另一个是她背着妈妈，悄悄地在大学所在城市找到的新鲜的、具有挑战性的工作。

当那份凯利自己找的工作的合同的最后签署日期到来之际，凯利越来越焦虑。凯利感觉自己已经在这段咨询中成长了许多，她强烈地希望能在毕业季做出一个非常勇敢的决定，从此踏上自我实现之路。可是凯利很清楚，这些在自己看来积极的变化，根本不会得到母亲的支持和理解，反而会招来无情的讽刺和打压……

直到最后，她还是没有勇气在那份合同上签字。第二天，她情绪崩溃，甚至由于惊恐发作被送到了医院。医生诊断为中度抑郁、重度焦虑状态。而凯利的妈妈，极力反对医生的诊断，坚持认为凯利只是因为最近找工作太辛苦、太累了，要带凯利回家看中医。

当她第一次跟妈妈提起她在见心理咨询师时，妈妈就勃然大怒，说："你又没病！那个是神经病才去的地方，你不准去！"于是，阻止凯利去寻求心理咨询的和给凯利带来心理困扰的，都是这一个来源——她妈妈极端的控制。

凯莉想要突破这样的阻拦，但面临着方方面面的挑战。经济上的困难，让凯莉需要依赖对方经济上的支持，而无法离开掌控她的人。另一个很重要的部分，是来自阻拦者的道德压力，凯利感觉到深深的内疚，觉得自己寻求心理咨询，是一件会伤害妈妈的事情，她不能这么去做。于是，内疚感、被阻拦寻求外界帮助、心理痛苦，三者形成了一个闭环，让凯利深深地陷入了这样一个"有毒的关系"中，难以逃离。

控制与逃离："出走的决心"

自从凯利在团体中将自己不幸的经历和盘托出，莉莉就一直十分心疼凯利的遭遇。然而随着周三团体会议的进行，莉莉对凯利的态度发生了一些微妙的变化。

凯利回到家乡，干着父母安排的安稳工作，已经有大半年时间了。这期间，凯利依然背着父母进行着心理咨询，只是由于搬回了家乡，她不得不和咨询师改成线上的视频咨询。

在咨询师的陪伴、周三团体的同辈支持下，凯利最近又一次爆发了强烈的自主意识。她越来越感觉每天上班痛苦不已，做着这份一眼看得到头，还没什么价值感的工作，如果在这里待一辈子，就仿佛自己的生命停滞了。

"我要重启自己的人生！"这是凯利最近在团体中的宣言。

凯利其实一直有一些愿望，她想做自己感兴趣的工作，于是，她辞掉了妈妈"安排"的工作，准备去大城市寻求一份自己挑选的工作。这个过程非常不容易，经历了无数次和父母歇斯底里的争执、痛哭、崩溃，终于凯利惹怒了父母，他们说出了那句："你要干吗就干吗，我们再也不管你了。死在外面也别回来了！"

这么凶狠的话，让凯利感到伤痛、绝望，但她也管不了那么多了，这是她心心念念想要的自由。这次，她终于踏上了回归之旅，回到了大学所在的大城市，找到了一份工作。

"最近在工作中，我第一次感觉到，在自己的争取下，完成一件事，做成一个项目，有多么让我兴奋和有成就感！"

可凯利刚说完自己境遇的改变和情绪状态的好转，表情马上又暗淡了下来，"之前我很少主动和父母联系，这次我想拿着自己的工作'成绩'和妈妈分享。结果，妈妈还是一副'不孝有三，不考公务员为大'的姿态，否定我的所有成绩，觉得这一切没有任何意义，我就是个一无是处的人。那时我的情绪又崩溃了，我觉得自己无论如何都无法得到妈妈的认可。于是我和妈妈大吵了一架。我现在已经拉黑了妈妈的微信，一连半个月都没有和家里联系。"

莉莉听完，原本想支持凯利的话到了嘴边却说不出口。都这样了，还有必要继续吗？莉莉感觉自己动摇了，她开始忍不住想，用这么激烈的方式对待自己的母亲，这合适吗？凯利为什么不能和母亲尽量心平气和地沟通自己的想法？莉莉也觉得自己还算幸运，没有这么极端的妈妈。

但是，团体的其他成员们都在设身处地地理解凯利，理解她在心理咨询过程中遇到的挑战——仿佛凯利的生命里有一个跨越不过去的槛，即来自母亲的否认和忽视。在他们看来，每当凯利在自己感兴趣的领域取得一些进展和成绩，或是在生活里交往了新的朋友、有了新的感情，这些来自广阔世界的认可与肯定让凯利开始凝聚起一些自信时，母亲的一句"你什么也不是""这些都是不务正业"，就能轻松摧毁一切。

"我一直非常努力地在沙滩上搭建一座城堡，妈妈只要大手一挥就把整个堡垒推倒了。凭什么！"凯利委屈的声音中夹杂着愤怒。

成员们纷纷提醒凯利，尽管"出走的决心"受到重重阻碍，但凯利在咨询中获得了一些力量，正在从那个泥潭中挣扎着出来。"这一次你所体验的崩溃和你第一次放弃自己拿到的工作机会时的崩溃，又不太一样。上次崩溃，更多的是无力与绝望，你觉得自己根本没办法发展出自己的想法和愿望。而这次的崩溃更多的是失望、痛苦和悲伤，因为妈妈不能认可你，而感到痛苦。但你还在这里，在你所选择和充满期待的生活里。"阿洁提醒凯利，注意到自己真实的进步。

直到在最近一次心理咨询中，咨询师跟凯利说："她的无视，那不是你的错。"凯利非常难过，大哭了一整节咨询，但那天她走出咨询室，感觉自己活了过来。

"是啊，我可以自己决定自己的生活！"凯利在团体中分享着自己熬过黑暗终于迎来希望的曙光的激动与感慨。

听到这句话，莉莉的内心被狠狠地戳了一下——"我能决定自己的生活了吗？"莉莉暗暗问自己，好像自己还无法像凯利一样给出肯定的答案。

虽然很不想承认，但莉莉其实早就从凯利身上看到了自己的影子——自己的妈妈尽管没有那么疯狂和极端，但生活却好似一双无形的大手让自己一直无法摆脱，来自环境的各种声音、各种期待，让自己从小到大都像被"软禁"了起来。内心的真实愿望好像快被自己遗忘了，她也从没有真正地把内心压抑的能量释放出来……相比之下，被逼到绝境、逼上"梁山"的凯利，反而修炼出了更加决绝的勇气。

羞耻感：我能说"真话"吗

　　见证着凯利这段时间的蜕变，莉莉终于开始反思，有什么自己还不敢面对的东西在阻碍咨询带给自己更多成长？

　　莉莉想起安安温和的笑容、平静的语气语调，从来没有为什么而着急过。但……这或许也是莉莉感到安安不能真的理解自己的地方？那个总是眯着眼、点着头，一脸单纯地看着自己的安安，是那么美好、善良，她怎么会明白我心里的肮脏和不堪呢？莉莉感觉自己内心的巨大风暴在安安这里展开是不合时宜的——在那个完美无瑕的世界里，似乎没有裂缝可以容纳莉莉内心的阴暗。

　　莉莉隐约意识到这好像源于一种羞耻感——自己习惯保持一种乖乖女的"人设"，在安安面前，要表现得"阳光"一些。这也是莉莉从小到大呈现在他人面前的样子，她非常知道"老师喜欢什么学生""大人喜欢什么小孩"，从而表现出那些特质来。

　　或许也正因如此，当凯利对妈妈呈现出那种近乎疯狂的状态时，莉莉会感觉到和她有距离，并会忍不住想评判她——如果自己在大人面前表现出如此叛逆，这是自己无论如何都不会允许发生的事情！那个站在父母角度、羞辱和批评不听话"孩子"的声音，已经内化为莉莉内心的声音了，她会这样羞辱自己的"不听话"，也对其他"大逆不道"的人感到不适。

莉莉将自己的觉察分享在了团体中。

"这是个很重要的主题！今天，我们就一起来谈谈关于咨询中的羞耻感吧！"阿洁邀请道。

成员们各抒己见。大家纷纷表示，难以启齿是咨询中很常见的情况。

"我想这是一个硬币的两面，把难以启齿的内心隐秘透露出来，可能让人感觉到'终于跟人讲出来了'的释放感与放松感，也可能让人感觉到，太可怕了，我再也不要见到这个人了。当羞耻感是你的个人议题时，把内心的隐秘讲出来，尤为困难。"

"羞耻感的来源与'被看见'有关，特别是我们身上的'弱点'被看见，但'被看见'也正是咨询起效果的来源。人和人的关系中，最有价值的体验之一，就是'被看见'。那是你内心真实的自我'被看见'，而不是你社交中的自我被看见。"

莉莉真切地感受到：原来每个人都有一些难以启齿的事情或感受，尽管心理咨询是一个会被保密的情景，但是讲到内心隐秘的事情依旧可能会让我们面对诸多困难。

大家还谈到了心理学家唐纳德·温尼科特（Donald

Winnicott）。莉莉对这段讨论很有感觉，她觉得不能让这些感觉就这样溜走，于是一边听着，一边打开了文档把大家讨论的要点记录下来。

温尼科特认为，人有两个"自我"（self），一个是"真自我"，另一个是"假自我"。

当你特别难过的时候想哭，在公司里，周围都是朝夕相处的同事，你哭不出来，因为你平日和他们相处时，给他人留下的印象总是大大咧咧、乐乐呵呵的。你觉得你无法给人解释你到底怎么了，也很害怕乐观向上的"人设"崩塌。但是，当你下班后，走在人潮汹涌的街头，孤独感侵袭而来，周围都是与你毫无瓜葛的陌生人，一个情绪的浪潮打来，你忍不住蹲在街头，哭了出来。前者，就是你的"假自我"在支撑着那个"人设"，而后者是你的"真自我"流露了出来。

"假自我"是一种防御，也是一种"行为面具"，它是为了顺应别人的期待而存在的。人们为了更好地生存，学会了揣测他人的心思，从而讨好他人，以获得更好的对待。"假自我"有它的功能，能够很好地保护你，让你拥有良好的社交关系。

但如果一个人的"真自我"从未被他人看见，这个人的内心会是空虚与绝望的。所以，真实自我"被看见"，是咨询中一个重要的体验。而这种体验的获得，又是伴随着羞耻感而出现的。举个例子，一个小孩子偷了东西，他是非常羞耻的，不想让任何人看见的。但是，这个行为背后的渴望是他希望被看见。他偷东西，可能是想要一个玩具、想要爸爸妈妈满足自己、想要得到他人的关注，这些是希望被看见和被接纳的。

"弱点""坏事""罪恶"的背后，都有一个"渴望"。这是"羞耻感"完整"被看见"的一个硬币的两面。

而除了来自来访者自己的困难外，也有成员提醒道："你的咨询师是否对这个硬币的两面有足够的敏感性——是否对你的'真自我'足够感兴趣，而对你的'假自我'足够接纳，也是你可以在你们的谈话中悄悄观察、慢慢展开的。"

今天莉莉算是知道了，这些都是"假自我"，是她免于批评和羞辱的保护色。她一下就想起了好多久远的记忆，她以为自己早就把那些事情忘了，原来一直都记得，莉莉打算下次见安安时，把这些都告诉她。

人生总是这么痛吗？还是只有做心理咨询时如此

"从小到大，我都知道老师喜欢什么样的学生……"尽管感到非常羞耻，莉莉还是鼓足勇气，强迫自己把这些隐藏在心里的秘密透露出来。

莉莉整个小学期间成绩都特别好，六年来都是年级第一。升学到初中的第一个月，莉莉非常不适应，成绩下降了很多。她感觉到自己在智力上实在无法跟上班级里前两名的学霸，他们好像从来不学习，常常拖欠作业，但他们怎么就那么聪明。不过，莉莉很快找到了自己的生存之道，这是整个小学期间做班干部锻炼出来的一身本领，她非常知道"老师喜欢什么学生"。在莉莉的笔记本里，七门学科的老师都有各自的画像，她详细地记录了他们各式各样的喜好，从口头禅、喜欢的颜色到他们常批评谁、常表扬谁，莉莉记录得非常详细。通过两次月考，莉莉也摸清了老师们的出题思路，哪怕有些问题自己根本没搞懂，但 12 岁的莉莉已经学会了"知己知彼，百战不殆"的处世哲学。

莉莉盯着地板，一下也不敢抬眼看安安，生怕在她的眼里看见批评、嘲笑和鄙夷的痕迹，就好像一直以来听话的"乖乖女"，背后竟然有这么不为人知的一面被发现了。尽管不确定安安怎么想，但莉莉的紧张情绪已经上升到极点，她感觉自己快忍耐不住了，好像有一万双眼睛盯着她，把她架在火上烤。莉莉希望安安赶紧说点儿什么，把自己从这种极其尴尬的处境中拯救出来。但是什么也没有发生，当莉莉停下诉说时，等来的只有一片沉默。

莉莉再也受不了了，她大声斥责安安，就仿佛是在扮演初中的班主任，大声斥责那个时候的自己："你不要以为你不说话，我就不知道你在想什么！你肯定一肚子坏水，在心里暗暗嘲讽我！"这句话脱口而出之后，下一个瞬间莉莉马上觉得自己好过分：安安什么都没有做啊，是自己太敏感了，我竟然说出那么伤人的话。莉莉感到脸上火辣辣的，内疚和羞愧染红了她的脸。莉莉捂住脸，伤心地哭了起来，这眼泪似乎是为了安安和曾经的自己。但莉莉心底里知道，这眼泪并不是为了自己。

这个周三的晚上，莉莉跟大家分享了自己这次的体验。她很困惑，做心理咨询不是为了让自己感觉好一点儿吗？可是，为什么咨询做了这么久，自己却越来越痛苦，负面的情绪越来越多呢？

阿洁认可了莉莉的这个体验。"确实做咨询是一件很奇怪的事情，我们明明是去处理自己的负面情绪的，但做着做着我们却发现，负面情绪不是更少了，反而是更多了。"于是，阿洁为今天的团体会议定了调，"我们今天的主题就围绕这个吧——咨询中的负面情绪。"

这可真是一个有共鸣的话题！大家很快聊得热火朝天。

"可能在见咨询师之前，你会通过回避与转移注意的方式，不去面对问题，暂时逃过了情绪风暴。而咨询让你开始直面痛苦，于是，你发现这个痛苦是如此强烈，以至于你的压力增大，在相当长一段时间，你一想到要去咨询，就会感到痛苦。所以感觉上，好像是咨询让负面情绪越来越多了，但其实不是，而是咨询让你开始直面问题，而不是忽略和无视问题。这是改变的起点。"

"有些人随着咨询的进行，他们的外部环境也发生了一些变化，例如，失恋、失业、离婚、结婚、父母去世、搬家到另一个城市等。这些人生的重大转变，会带来情绪的动荡，让人在一段时间内难以适应。"

"也可能咨询师的反应在你的无意识中唤起了某些情感。在理解清楚这些情感之前，你感觉到很痛苦。比如说，你觉得咨询师总是不能理解你、总在拒绝你，或是离你很远、一直在推开你，你总在担忧咨询师要抛弃你，等等。这些感觉可能和移情有关，也就是说，你看待世界的方式有一种相同的倾向，你常常觉得人们都会这样对待你，当你靠近咨询师时，你也会把这种情感放置在他身上。"

阿洁总结道："在我看来，这些都是咨询中正常的进展，也就是说，咨询本身可能没有出现重大偏差。大家可以将自己所感受到的'负面感受'如实地向咨询师表达，讨论在此时此刻，你需要被如何支持、如何感知、如何理解。"

莉莉感觉得到了大家的支持和共情——原来被咨询激发起更多的负面情绪是如此稀松平常的事情哪，看来我并不是个例！

不过，也有成员提出了不同的看法。

"有些情况可能真的会让咨询陷入某种困境。比如咨询师有他的个人议题，而这个议题和你的心理困扰某种程度上'嵌合'到一起了。举个例子，你因为婚姻失败而寻求帮助，找到了一位刚刚离婚的咨询师，你们在婚姻中出现的困难有相似性，于是咨询师总是很'认同'你——婚姻是无望的，以后再也不要结婚了。于是，越咨询，你俩都越绝望。或者，完全相反，你的咨询师婚姻幸福，当你的婚姻遭遇危机时，他总是很'反对'你离婚，认为每段婚姻都有磕磕绊绊，总在鼓励你再努力和伴侣沟通。"

"是的，毕竟咨询师也是一个人，就算谈不上个人议题，也不可避免地会受到自身价值观的影响。所以，当你发现咨询师和你在某些议题下，价值观存在巨大的冲突时，或许会给你带来负面的感受，比如让你觉得自己'不被理解'，是'奇怪的''难以被接纳的''羞耻的''禁忌的''疯狂的'。特别是在一些人伦道德、多元文化的议题上，比如：咨询师对同性恋的看法是怎样的，咨询师对于婚内出轨的看法是怎样的，咨询师对恋爱中的'劈腿'怎么看，咨询师对什么是幸福的婚姻怎么看，咨询师对成功的看法是怎样的……在这些事情上，咨询师的价值观越是明显地和你不一样，越容易带给你糟糕的感受。"

莉莉听着听着，内心的疑虑又重新升起："咨询师总会和来访者的价值观有差别吧，那到底该如何区分在类似的情况下，咨询是不是已经在发生严重的偏差了呢？"

莉莉的问题让成员们都陷入了思考。阿洁率先分享了自己的看法："我想，一个比较容易判断的原则是，咨询师有没有处于'中立'的位置（analyst's neutrality）。我们经常会讲，咨询师要'中立'，不仅是价值中立，咨询师还需要保持很多重要的'中立'，包括但不限于：对你的有意识内容与无意识内容，平等地关注；对你的感觉与你身边他人的感觉，平等地认同，换句话说'不拉偏架'；对你身边他人在你内心里的感觉以及对你的影响，平等地认同，换句话说，不偏向于强调某个人或某方面对你的影响，而忽视其他方面。"

其他成员也纷纷从自己的角度出发，沿着阿洁的观点继续延伸。

"假如说，你在婚姻中遭受情绪暴力，选择了离婚。在离婚后，你反思这段婚姻给你带来的痛苦，希望有所成长，而寻求心理咨询。尽管你有一定的反思能力，但婚姻中你受到的伤害，让你在咨询中很长一段时间，一直在诉苦和咒骂对方。'中立'的咨询师，会如其所是地体验你的情绪，但并不一定要认同你对对方的咒骂；而如果咨询师失去'中立'的立场，他可能会像你的朋友一样站在你这边，和你一起咒骂对方。时间长了，你会感觉到别扭，因为有另一部分不同的感觉始终无法在咨询中被谈论。"

"还有一种相反的情况，那就是咨询师完全站在了你的对立面。假如说一段感情中，你在不知情的情况下当了'第三者'，得知真相后，你既留恋这段感情，又感到内心有道德压力，进退两难，希望咨询能够帮助你。失去'中立'立场的咨询师，可能会由于自己的道德立场，而明里暗里指责你。这让你觉得'不被理解',而且感到被羞辱。这样的咨询,可能无法帮助你获得更深的自我探索和成长。"

阿洁在这次团体会议的最后总结道:"求助于心理咨询的人,总是渴望一种感觉——被更深地、更多地理解。"

莉莉听完大家的讨论,感觉自己平静了许多:其实安安还是挺好的,她并没有呈现任何"偏见",她一直在听我诉说我的感受。

第 9 章

感觉在咨询中被伤害？

区分咨询师的过失和受伤的体验

09

由于阿洁出国旅游，来访者团体会议暂停两周。一年来，早已习惯了大家的陪伴，周三晚上来临时，莉莉莫名感觉心里空落落的。作为临时的补偿，她试着在社交媒体平台参与心理咨询相关的讨论。无意间进入了名为"来访者联盟"的论坛，莉莉发现很多网友热烈讨论感觉被咨询师伤害的经历，没承想，这仿佛打开了潘多拉的魔盒……

心理咨询的基本原则：无害性

"原来这么多人都有过同样的困惑！"在论坛里"冲浪"的莉莉感慨道。两年的咨询经历，让莉莉感觉自己一跃成了心理咨询板块中的"大人"。在匿名身份的加持下，她不想再像在团体中那样更多扮演倾听者的角色，而是准备多分享些自己的经历与观点，立志成为论坛里的"意见领袖"。

莉莉很快被一个点击量很高的帖子吸引——"做了两年心理咨询，感觉自己越来越糟糕"。

两年前，我因为工作不顺利、同事关系矛盾提出离职，我反思好像自己很容易被同事的一两句话刺激到，于是尝试了心理咨询。咨询师多次要求我对着空椅子，想象我去世的母亲坐在那里，自己想对她说什么；她还会尝试让我进入半催眠状态想象和母亲对话的情景。我内心很清楚，母亲的去世对我影响很大，每次做这个练习时我都会情绪崩溃。我好几次问咨询师能不能换个方式，这对我来说太痛苦了，但咨询师坚持认为，我需要直面自己的痛苦才能获得成长。没办法，我只能默默承受。本以为我会在咨询的帮助下逐渐好起来，但最近我发现我的状况越来越差，经常不愿意起床，总是莫名其妙地流泪，对身边的一切事物都没了兴趣。我不知道自己是怎么了，也不知道咨询到底对我有没有帮助。我还有继续的必要吗？

——迷茫的来访者春梅

莉莉愕然，毕竟自己的确无数次问过自己"是否有继续咨询的必要"，但都给出了肯定的回答。莉莉本以为这位网名叫"春梅"的来访者或许与自己一样，只是在咨询中遇到了些困难，想着正好可以分享自己的咨询经历和在来访者团体中的收获，却没承想情况远远超出自己的预料。

她继续往下翻评论，看到许多网友跳出来支着儿，鼓励春梅尽快"避雷"这位不靠谱的咨询师。

一看就是个没有伦理意识的咨询师。咨询师应该对来访者的情况审慎评估，共同协商咨询方式，在使用特殊的技术前与来访者进行解释，让来访者充分了解其作用与风险，并征得来访者的同意。

不要怀疑自己！来访者的主观感受确实可能和咨询中的移情相关，但是客观上的社会功能的每况愈下总不能再成为给无良咨询师开脱的理由了吧？赶紧停止吧！

心理咨询首先要秉持"无害性"的基本原则，这个咨询师显然底线都没守住。

不遵守伦理的咨询师真的会"伤人"

最后这条评论仿佛一石激起千层浪，众多网友都在下面跟帖分享自己感觉在咨询中被伤害的经历。

我不知道你们的咨询师有没有守住"不伤害"的底线，反正我觉得自己是被伤害了。我是在社交平台上留言说自己最近很抑郁，需要帮助，她就回复了我的消息，说可以帮我"解开心结"。第一次咨询，我想看看她的专业背景，我就先问了她受过哪些培训，咨询小时数多少。她只是反问我"为什么好奇这个"，始终不正面回应。我当时虽然有些不舒服，但看网上都说咨询师不直接回答来访者的问题才是专业的表现，就觉得可能是自己敏感了。可是在咨询中，视频咨询里我听到她那边有明显的其他声音，同时她的眼神也往旁边瞟了。我就问她那边是不是旁边还有别人，我告诉她我很担心自己讲的事情会被其他人听到。结果她直接告诉我，保密是一个迂腐的条款，其实别人根本不会在意你的事，担心被偷听是没有安全感的表现。那次我被她弄得有些恼火，恰好后面也有点儿忙，我就请假了两周。结果回来后她直接跟我说：为了让我们的设置更加稳固，以后不能在咨询外随意提出请假，只能在咨询见面时提出请假，否则就不算请假成功。我突然感觉很不安全，没想到当时签过知情同意书的咨询设置竟然能如此随意变动，而且偏偏还在这个时候，好像是在针对我。我就质问她怎么考虑的，她还是不正面回答，一副无辜的样子问我"怎么会觉得我在针对你"，就好像这都是我的问题，她却对自己的动机避而不谈。然后她就开始分析我："你从小就缺乏安全感导致你忍不住控制身边的人，这样长久下去的话，你会成为你妈妈那样你最讨厌的人。"当时这样的拉扯让我深陷其中无法自拔，后来我实在难以忍受才停了咨询。过了段时间冷静下来后我才想明白：明明是咨询师不明确展示自己的专业背景，没有提供安全的环境，破坏保密原则，还随意更改咨询设置，给我贴标签，我却默默为她的错误买单了。

楼上，为你的及时止损点赞。我也有一段不愉快的咨询经历，现在想来可能是被咨询师"心理操控"了。之前有一段时间我应该是抑郁了。当时我很迫切地找了个咨询师，期待能帮我好起来。咨询师的个人宣传都是"成功治愈抑郁症的案例"，他还向我"承诺"说，10次一个疗程见效果，再做10次保证抑郁不再复发。我就直接交了10次的费用。第一次咨询，他就说抑郁的根源是经常讨好别人来换取认可，让我觉察自己内心反抗的声音，练习直接向他人表达拒绝。前几次我还觉得对我挺有帮助，但后来有一次我听了他的建议反驳了领导，结果领导火了，我感觉很害怕，就和咨询师说了。他向我输出了一大堆东西，主旨是我内心还是不够强大，坚持不住。他说他见多了我这样的人，认真按照他的"治疗方案"执行的人，都康复了，我不应该把时间花在质疑他上，而是应该严格执行他的方案。我当时感觉被他说得很委屈，缓了一周之后，我告诉他觉得自己还是老样子，没什么变化，不想继续咨询了，让他把剩下几次的钱退给我。结果咨询师竟然说咨询对我有效，因为要不是有这几次咨询，我的情况只会更严重，然后就拒绝退费，还说后面让我再续10次强化改变。我说如果不退费，能不能先停一段，等我准备好了再来找他。他再次拒绝，还说"你总是逃避直面痛苦，现在的一切后果都是你自己造成的"。那些钱再也没有被退回来，后来我才知道，这种"打包销售""承诺疗效"、为捍卫自己的案例效果完全不顾来访者的感受，都是严重地有悖伦理的行为。

我也遇到过违背伦理的咨询师，她跨越了我们生活的界限，对我的生活有很多评判和入侵。我恐婚恐育很多年了，但最近自己和男友家里都开始集中催婚，我很抗拒，觉得没人理解我，于是我找了咨询师。咨询师说现在这个时代的年轻人立足社会不容易，要是和双方父母都闹得很不愉快，以后成家就得不到支持，压力会很大。她建议让我先做父母眼里孝顺的孩子，先答应下来再说，明着对抗很不成熟。我感觉她在试图把她的东西强加给我，但我也怀疑是不是自己社会阅历还不够丰富，还为自己不符合社会期待而感到羞耻。之后我从对婚姻的恐惧联想到了原生家庭，我讲了自己小时候被父母打骂、孤立无援的心酸，没想到咨询师竟然泣不成声，然后和我说自己小时候也是如此，甚至被表哥性侵过。我才知道，原来她在那样可怕的家庭中，只有"做孝顺的孩子"才能活下来。我当时感觉我们同病相怜，我好像找到了能理解自己的人，但之后她更是一发不可收拾，在后面两次咨询中都会揪着我一起讨论我们在原生家庭中受的伤害，我感觉她把我拉进了一种紧张的氛围中，我无法摆脱，好像只有安慰她才能暂时摆脱出来。最让我无法接受的是，她明明说和我联系的是工作微信，但在没有咨询的时候，也会给我"分享生活感慨"的朋友圈点赞，甚至在下面的评论区留言："不要忘记我们曾经受过的伤害。"我感觉越来越不对劲，中断了和她的咨询。后来，我找到了新的咨询师，我才知道，恪守伦理的咨询师绝不会在咨询外随意联系来访者，也不会让咨询过程充斥着他自己的故事和观点。

……

咨询师没做错什么也会"伤害"来访者？

看到这么多来访者被咨询师伤害的经历，莉莉忍不住回想着自己和安安咨询两年中的历程，虽然没有同样的事发生在自己身上，但咨询中糟糕的感觉，自己已经不止一次体验过了。

莉莉回忆起自己最近几次出差，咨询通过视频会议进行的情况。一开始，当安安提出"如果不忙的话，我邀请你在原时间视频咨询"时，莉莉是欣然接受的——她不想错过每一次和安安的见面。

但体验过后，莉莉感觉与安安隔着屏幕的距离让原本紧密的联结变得有些不真切，对视频咨询感觉莫名有些抗拒。不过想到安安和自己强调过维持稳定见面频率的意义，以及咨询协议中请假次数的限制，莉莉也从未拒绝，只是默默将每次出差时的线上咨询当作例行公事。

而此时此刻，看过这些帖子后，莉莉在和安安的关系中不舒服、不自在的体验逐渐清晰起来——有疑惑，有不满，还有一些隐隐的愤怒，它们都像种子一样破土而出——"也许安安对我的伤害已经在不知不觉中发生了？"莉莉隐约感觉心中有了一丝裂痕，这么久以来总能经受住考验的对安安的信任与依赖，这次似乎有些动摇的迹象。

还有一次，莉莉讲起自己小时候痛苦的经历，哭得缩成一团。她一把鼻涕、一把眼泪，从咽喉底部嘶出一声微弱的请求："你可以抱我一下吗？"

安安沉默着，什么也没有做。

绝望填满了莉莉的身体，她感觉自己在无限地下坠，没有任何支撑能让这无尽的坠落停止。她的心脏剧烈收缩，全身僵住。不行，不能这样！莉莉最后的求生欲让她没有就此坠到崖底，她非常努力地收拾着自己巨大的悲伤，擦干眼角的泪痕——五分钟后，一个成熟的陌生女人重回莉莉的身体。

安安看见了莉莉的转变："你感觉一个热烈的渴望没有被回应，只能把它收回到内心深处。"

"所以呢？说这些有用吗？"莉莉原本平静的心情，又被点燃了怒火，她不明白为什么在这个时候了，安安还要说这些不痛不痒的话，实实在在地给自己一个拥抱那么难吗？想起她看到的那些帖子里的"假意共情但绝不让步"的咨询师，莉莉更是心里气不打一处来：真没想到安安也是这样！

安安沉默了一会儿，耸耸肩，摊开手说："你说得对，这没什么用。"

莉莉摇了摇头，她感觉自己的内心像是被一场大火烧过的废墟，满地狼藉，已经完全看不到任何有意义的画面。随后的咨询中，她保持着无尽的沉默，无论安安再试图说什么，莉莉都几乎不再回应。

快结束时，莉莉看向钟表，主动和安安说"时间到了"。安安照例说"下周见"，莉莉没有回应，抓着帆布包就"逃"出了咨询室。随着汹涌的情绪在胸中翻滚，小时候的画面闪现在莉莉的脑海中。

那是一个在学校受了欺负的莉莉，她哭着扑进来接自己放学的妈妈怀里，却被妈妈一把推开，冰冷地命令自己"先冷静一下"。莉莉不知道妈妈是嫌弃自己哭的样子，还是不喜欢和自己的拥抱；她只知道自己应该把眼泪憋回去，应该学会不把自己的情绪暴露在别人面前，这会给别人带来麻烦。莉莉下定决心，从今往后，自己再也不要体验到那种感觉——当把自己最需要别人、最渴望关心、最脆弱的一面流露出来，却没能找到一个可以安稳投入的怀抱时，内心最脆弱的血肉暴露在风雨里，自尊心被深深地伤害。

而就在刚刚，自己竟然"破戒"了，像一只摇尾乞怜的狗，头脑一热就向安安索要拥抱，全然不顾安安到底想不想"施舍"给自己，这样的自己简直糟糕得一塌糊涂。莉莉怎么也没想到：那把这个世界曾经刺向自己的剑，我竟然把它递给了安安，让她狠狠地刺向了我。

"安安伤害我了吗？我还要再去见安安吗？"莉莉在心中默默问自己。

直面与咨询师的复杂情感联结

莉莉把这个疑问连同这次咨询经历一起分享在了论坛上，很快便得到了网友们的围观。网友们态度各异。

> 你的咨询师确实没有什么实质的专业上或者伦理上的问题，或许你可以和她探索一下你的感受呢？

> 被伤害的感觉是真实的，作为外人，我们都很难评价。

> 如果你真的持续感觉很难受，或许可以找一找其他安全的情绪出口？

"其他安全的情绪出口？"莉莉感觉被一语点醒，随即冒出了一个大胆的想法：在下周见安安前，先找另一个咨询师聊聊再做决定！

快刀斩乱麻，莉莉很快约上了男性咨询师"明心"。

一见面，莉莉直接把自己的经历和诉求告诉了明心。"我不知道自己是不是该离开安安，我想确认我是不是真的被她伤害了。"

明心耐心地听着莉莉和安安之间的故事。咨询时间过半，明心总结道："也许以前你就压抑了很多对安安的不满，这次才会爆发如此强烈的被伤害的感觉。但同时我也能感受到你和安安之间的情感联结很深刻，你的内心其实很在意她。你对安安一直以来都是爱恨交加。"

莉莉的脑海中像过电影一般，闪现出之前和安安关系中的片段。

从自己毕业前最焦头烂额的艰难时刻，安安的出现就像一盏明灯，为自己照亮了前行的路。在两年多的咨询里，莉莉更是已经无数次和安安袒露过未曾向他人展示的自己，而那些深藏心底的秘密，早已被稳稳安放在那片与安安共同创造的空间里。这是莉莉的人生中从未有过的珍贵体验。

可与此同时，之前安安在自己最崩溃时无动于衷、把自己晾在一边的委屈，连同之前那些安安强硬地坚持设置、自己只能被迫"变形"的无奈，以及在自己焦急地寻求建议时，却只等来一片沉默的绝望，也都一股脑地涌上了心头。莉莉觉得这样的安安仿佛一堵冰冷的、根本不会有回应的墙。

莉莉不禁开始怀疑：我之前对安安好的感觉是真实的吗？它们还作数吗？

莉莉将自己的疑惑告诉了明心。明心没有直接回答莉莉的疑问，而是说道："我能感觉到至少在你心里，你和安安的关系还没有结束，那些复杂的感受也还没有画上句号。所以如果就这样不了了之，也许你也会有遗憾吧。"

明心的话一下击中了莉莉内心最柔软的地方。莉莉想起上次结束后，自己点开了与安安的对话界面，盯着那个"结束咨询"的按钮，想象着那种像是要被剜掉一块肉的痛，久久难以平复心情，终究还是没舍得按下。

尽管在来见明心之前，莉莉感觉自己在网友们的怂恿下，已经在想：要么让明心找出安安伤害自己的证据，要么看看明心是不是比安安靠谱，好让自己确定是安安的错……但此时此刻，莉莉清楚地感觉到，那个温柔的安安的形象又有一部分重新回到自己的脑海中——她是那么与众不同的人，她的温柔似乎可以融化自己在生活中的所有孤独和困难，她早已深深印刻在了自己心中。

咨询结束前，明心郑重地告诉莉莉："同时找两位咨询师并不合适，所以如果你想继续和我咨询，那么一定是你决定不再与安安咨询了。至于你是否有意愿去解开这些结，或许只能遵从自己内心的声音。"

离开咨询室后，莉莉内心的天平仍在反复摇摆。好巧不巧，莉莉收到了一条消息提示，竟然是……毕业之后就没再联系的娜娜！

在真实的关系中看见彼此

"莉莉，好久没联系了。先给你报个喜，我完成了一个两年的长程受训，可以说是一位真正意义上的心理咨询师了。想了很久，我还是决定给你发消息。我一直有看你的朋友圈，感觉你最近过得不是很开心。你愿意和我聊聊吗？"

天哪！莉莉没想到，娜娜竟然一直默默地关注着她。

其实在此之前，莉莉已经很多次和安安谈到过与娜娜之间的隔阂，也无数次想过这段关系还有没有可能恢复成以前那样。可是此刻，当娜娜率先抛出橄榄枝，机会已然摆在眼前时，莉莉又开始犹豫：要认真地和娜娜谈谈吗？毕竟这么久没联系了，好像无论怎么开口都有些尴尬……

莉莉的耳畔又回荡起明心的话："你和安安之间的情感联结很深刻……所以如果就这样不了了之，也许你也会有遗憾吧。"虽然莉莉知道明心在说自己和安安的关系，但她和娜娜之间的关系，又何尝不是如此！

只可惜，二人毕业后，娜娜离开了自己所在的城市，莉莉也一直没有契机再和娜娜联系，甚至都没来得及感到遗憾。但莉莉清楚，对于和最好的朋友莫名其妙地闹僵，自己心里一直有一道从未结痂的伤口。

似乎是下定了决心，莉莉回复道："娜娜，好久没联系。祝贺你啊！名副其实的'娜娜心理大师'。其实想来你还是很了解我，我一直想和你讲很多事情，只是后来一直没有合适的契机。不如方便的时候，我们直接电话说吧。"

娜娜很快打了过来。寒暄几句，莉莉还在做着心理建设，娜娜率先开口："其实这么久以来，我一直在想我们之前的相处是不是有什么问题。毕业前那段时间，总是听你讲和安安的咨询，回应你的各种问题，我当时感觉压力很大；加上当时我又忙着实习和找工作，也没有心情顾得上和你认真沟通一下，不知道你会不会觉得被冷落了。"

莉莉释然了。她原本以为这段不愉快的经历，将只能永远尘封在只属于自己的阴暗角落，但此刻，它意外地被一束柔和的阳光照亮了。那些在自己心里压抑到糜烂发霉的糟糕感受，竟能在和娜娜的关系中"重见天日"。

"其实我也一直都挺愧疚的，好几次都因为难以开口，错过了告诉你的机会。我早就意识到，当时我完全没有在意你的感受，一股脑把所有事情都倒给你，甚至指望你为我负责。后来我越来越清楚，是那个时候我太焦虑了，所以把你、把心理咨询当成了我的救命稻草，要时时刻刻牢牢地抓在手里才有一点点心安。"莉莉一五一十地将自己的反思连同歉意告诉了娜娜。

"你说的这些，我后来慢慢意识到了。我也意识到，当时我也挺焦虑的，很想尽快成为一位有实力的心理咨询师，所以我带着私心，总想在你身上看到心理咨询的'效果'，一旦你退缩、抗拒和怀疑心理咨询时，我就忍不住想劝你，想给你一些支持。但我应该相信你可以为自己负责。"

二人哭哭笑笑，不禁感慨：不愧是最好的朋友，就连彼此的议题都会如此神奇地连接在一起。又聊了很久，直到娜娜好奇莉莉的咨询情况，莉莉才回过神来，随即把自己发的帖子转给了娜娜。

"这不巧了吗，和我们之间发生的故事一模一样。你会在感觉暴露自己的需求却没有被回应的时候逃跑，这里有很深的受挫和退缩，你需要这样的自我保护。"

这让莉莉冷静下来，仔细体验了这种感觉，"你说得对，这的确是一种退缩。就像当时我不敢给你发消息一样，其实有很多次，我在和你的对话框里打了一段又一段话，但最后都删掉了。不过，这次我想试着做点儿不同的事情。"

"你做什么选择我都支持你。"娜娜说。

当感受被接住时······

尽管十分焦虑，莉莉还是决定回到和安安的咨询中。来到熟悉的咨询室，沉默良久，莉莉终于开口："其实这次来见你之前，还发生了很多事······"

对于莉莉见了其他咨询师，安安并没有大惊小怪："你心里发生了巨大的波动。"

在安安耐心的倾听和梳理中，莉莉终于一点点地拼凑出了答案：尽管在莉莉的意识中，自己和安安建立了共同攻坚克难的"革命情谊"，但在潜意识中，这段关系实际上没有想象中那么牢靠。直到看到其他来访者被咨询师伤害的经历，莉莉潜意识中的危机感被激活了。而上次没能从安安那里得到一个实在的拥抱，成了一个导火索，和已经被激活的危机感联系起来，彻底在咨询中爆发了。

"是的，并不只是一个拥抱。"莉莉不好意思地承认道，"而是我希望你看到，那个时候，我真的好绝望，我感觉我身处在无尽下坠的世界里，没有人会接住我。我感觉我身后无人。"

"你真的吓坏了。"安安这句话看似和莉莉说，也在心里默默和自己说。在莉莉短暂离开咨询的这段时间里，安安也不确定莉莉会不会回来。只有安安自己知道，她也被吓坏了。

莉莉的眼泪毫无顾忌地顺着脸颊流淌下来。她感觉被接住了，在害怕的深渊里，有安安温柔而坚定的话语，它让"无人"的深渊里，有了一点儿什么。

区分感受和现实

莉莉把自己最新的体验在论坛上分享出来，评论区却出现了不和谐的声音。

> 真是不争气，怎么能回到伤害你的人那里！

> 就是！本来以为咨询了两年的人就该人间清醒了，现在看来有些人就是会被感情冲昏头脑，心理咨询也救不了。

看到这些，莉莉心情格外沉重，她跟娜娜倾诉在网上被歪曲的糟糕体验。娜娜说：别太在意网友的评论了，每个人都会从自己的主观世界出发，网友很难看到真实的全貌。

不过娜娜思来想去，觉得还是可以在网上做一点儿科普，让大家可以多少意识到，我们在咨询中体验到的感受和现实发生的事情，二者之间的边界在哪里。于是，她在帖子下面留言道：

> 咨询师违背伦理和不专业的做法可能导致来访者受到伤害，比如与来访者发展生活中的关系，不遵守保密原则等。这些是需要警惕的。
>
> 同时，心理咨询作为一段真实的关系，来访者在某些时刻体验到受伤，是一种真实的感受，应该与咨询师实质性的伤害行为区别对待。
>
> 我们习惯于在感觉到被伤害的时候，试图先确定"到

底是谁的错"才会安心。但在一些时候，被伤害感是一种体验，它既不是因为咨询师不专业、有违伦理，也不是因为来访者过于敏感。

举例来说，来访者被伤害的感觉，可能源于过往经历被唤起而对咨询师产生强烈情绪，这在咨询过程中难以避免。这种被伤害的感觉既是痛苦的经历，也是重新整合自己的契机。

心理咨询本质上是一段关系。希望在一段关系中永远体验良好的期待，可能只是一种将关系"真空保存"的不真实的幻想。防范风险当然是必要的，但是如果从根本上不允许受伤的感觉在关系中出现，就永远进入不了真实的关系。这何尝不是另一种遗憾呢？

客观上，因为咨询师不遵守伦理而让来访者受伤的情况如下：

表　9-1

主题	咨询师应该做到的	咨询师未做到，导致可能让来访者受伤的情况	可能有风险的因素
侵犯来访者的基本权益	保密来访者信息	个人信息泄露	咨询师不说明保密措施和保密例外
	提供安全的咨询环境	来访者在自我暴露时缺乏安全与信任	咨询师提供的咨询环境不够安静和私密
	允许来访者自由离开	无法自主暂停或结束咨询	咨询师打包收费、强制疗程与设置
	维持稳定的咨询设置	来访者对咨询无法建立稳定、安全的预期	咨询师为个人方便单方面频繁变更咨询的时间、地点等设置

（续）

主题	咨询师应该做到的	咨询师未做到，导致可能让来访者受伤的情况	可能有风险的因素
知情同意不明确	对心理咨询过程和起效的恰当解释	来访者对风险、负性反应评估不足	咨询师未做书面或口头知情同意，盲目承诺疗效
	清楚说明付款方式，慎重接受礼物	财务纠纷	未明确支付方式，索要或随意收礼物
	明确展示自己的受训背景	对咨询师胜任能力不了解而导致的欺骗	拒绝展示受训背景，无任何督导
	与来访者共同协商咨询目标和方式	引发伤害，造成心理创伤或社会功能减退	未经评估就采用不寻常的技术，来访者的社会功能减退
咨询师缺乏基本关怀	中立、多元价值观	受到评判或歧视	不尊重来访者的外在条件或价值观
	不得情感剥削来访者以满足个人需求	被咨询师利用或被心理操控	批评或指责来访者，否认其内在感受
	合理地终止咨询	来访者感到被抛弃	单方面终止咨询且未做出合理解释、未转介
	必要时进行危机干预或建议药物治疗	生命安全受威胁	来访者透露自杀意念或表现精神病性症状后咨询师未及时干预
咨访关系突破专业界限	不得与来访者发展性与恋爱的关系	感情欺骗、性骚扰	令人不适的肢体接触，故意挑逗、引诱来访者，试图确定恋爱与性关系
	咨询师不得利用来访者处理个人议题	来访者被利用为咨询师服务	咨询师过多地谈及个人经历，这些并非来访者的需求
	尽量避免多重关系	个人信息泄露，无法维持专业关系	在咨询室之外主动与来访者接触，回避讨论多重关系
	与来访者的生活保持界限	来访者的生活受到咨询师的干扰	多次上门服务，直接为来访者提供现实层面的帮助

第 10 章

离开"坏咨询师"就好了吗?

心理咨询中的矛盾心理

10

一个奇怪的梦，把莉莉带到了无处可逃的矛盾心情之中。容纳心中矛盾的情感，是人们的心灵不断成熟的过程吗？而矛盾的情感是如何被人们捕捉到的呢？

莉莉继续和安安的心理咨询后，事情并没有一百八十度转弯。神奇的转变只会发生在小说、戏剧中，真实生活总是那么平淡与现实。尽管莉莉意识到了自己对安安压抑的愤怒和对联结深深的渴望，可是她依然很难充分地表达，或者说她通过各式各样的"小心思"，拐弯抹角地暗示安安，但都达不到想要的效果。

　　一开始莉莉还不明白，但随着咨询的继续进行，莉莉逐渐意识到，或许自己真正想要的，不是一个现实世界里能够抵达的地方。

　　终于，在安安的一次突然休假到来时，莉莉爆发了。在原本有咨询，但由于安安休假没能见面的那一天，莉莉做了一个令人惊恐的梦。在梦里，她走在一条狭窄、黑暗的通道里，她感觉通道的尽头有一个等着她的女人，这让她尽管很紧张，但内心很安稳。可是，她走着走着，通道越来越狭窄，当她不得不趴下身来的时候，她突然感觉到，通道尽头的女人消失了，好像自己一直在某种谎言里前行。这让她感觉到无比恐惧和慌张。此时更恐怖的是通道的地面上窜出许多老鼠，她感觉自己在尖叫，在空中胡乱挥舞手臂，抓到了一把尖锐的物品，或许是镰刀、锄头或者其他什么东西。她不管不顾地往地面砸去，不断地碾死一片一片的老鼠。随着老鼠群消失，她刚刚平静下来，看着满地被自己碾死的老鼠尸体，立马惊恐地发现这些不是老鼠的尸体，而是通道尽头的女人的身体，她已经被自己一下一下地碾成碎片了。

莉莉在极度惊恐中醒过来。

这个梦原本更漫长和复杂，但这段情节之前发生的事情，莉莉醒来的时候已经记忆模糊了，而这段情节由于情感浓度巨大，而被保留了下来，甚至莉莉没有用笔记把它记录下来，依然保留在她心里。来不及等到下周见安安，莉莉马上拿起手机，把这个梦和娜娜说了一遍。

娜娜的回应直击莉莉心头："当我们被抛下的时候，就好像感觉到有恶魔（老鼠）迫害我们，夺走了心中的希望（通道尽头的女人）。你会愤怒到要和恶魔拼命，可是当我们真的把恶魔消灭的时候，回头又发现希望和恶魔本是一体。"

莉莉马上领悟了娜娜的解释：是啊！我怨恨的是安安把我扔下了，我有强烈的冲动想拼命攻击她，但是又害怕真的让她受到伤害，让事情变得不可挽回。这次她的休假只是激发了这个冲动，让这种感觉集中爆发，但实际上漫长的和安安相处的经历里，自己一直在"忍受"自己的攻击冲动，害怕任何风吹草动让安安受到毁灭性的打击。

娜娜接下来的提问，让莉莉陷入深思："到底是安安非常脆弱，还是在你心里你们的关系非常脆弱？"

莉莉在心中默默摇头，她也不清楚这个问题的答案。安安脆弱吗？安安内心是否坚韧，这件事莉莉完全无从判断，她没有尝试去真正挑战过这一点，因为她绝不能让自己陷入失去关系的风险。这是莉莉一直以来的困难，就像梦中隐喻的那样——通道尽头的女人，是自己在孤独前行中的希望。

"孤独前行？"莉莉想到这里，开始感到有些难过。她以为，有娜娜这个好朋友，有安安这样的好咨询师，自己已经非常幸运了，她的内心一直有被人关照、被人看见。可是，直到这个梦的浮现，莉莉意识到，其实她内心被照亮的部分并不多，大部分的区域处于黑暗之中，无人问津。

"相信你的直觉。"娜娜最后跟莉莉说。

"相信我的直觉？"莉莉反复地琢磨这句话，她想到了许多许多自己早就感觉到，但一直被自己忽略的"直觉"。她把这些"直觉"写进了自己的咨询笔记里。

　　有时候，我们以为决定是某一刻、某一件事促使我们做出的，但其实我们心里清楚，那件事只是一个"导火索"，促使我们做决定的原因，是漫长相处中的点滴细节。

　　就像前阵子发生的事情那样，说不上为什么，直觉让我考虑——我得换掉这个咨询师。咨询中，"直觉"是非常重要的，现在看来，它的另一个说法是"一些被忽视的细节带来的强烈感受"。

有时候，一些细节让我觉得"不值一提"，于是它被我自动地忽视了。举个例子：有一次，安安看表时抬头的动作，让我感觉到——她不想继续听我讲了。但我的理智又告诉我，这是正常的，我们的时间是有限的，她需要看表来掌握时间。所以我的这种感觉没必要，所以算了，算了。另一次，是安安一个皱眉的表情，当时我在讲一个犹豫了好久要不要开口的事情。这让我感觉到——她是不是觉得我"很变态""很不正常"？不过很快，我告诉自己：这很正常，是个人都会觉得这"很不正常"吧。算了，我还是不要继续讲了。

"直觉"的产生都是非常迅速的，可能在 0.01 秒内，这个思维过程就已经完成了闭环，我只得到一个结论——算了。这些思考的过程，是现在我重新回想起来，才能逐渐意识到的事情。

如果把"直觉"发生的过程还原，其实一直有很多被自己忽视的心路历程。

安安抬头看表的那次，当时觉得"她不想继续听我讲了"，这激发人强烈的感觉，被忽视、被抛弃、被厌恶、被批评等。我可能很愤怒、很委屈、很羞耻等。这些强烈的情绪令人无法承受，于是，我不得不忽略这个明显的信号，并给自己一个解释，最终得到一个结论——算了。

安安皱眉那次，我觉得"她是不是觉得我很不正常"，这激发强烈的感觉，被厌恶、被批评、被嘲笑、被孤立等。

我可能还很羞耻、很愤怒、很害怕等。这些强烈的情绪令人无法承受，于是，我不得不忽略这个明显的信号，最终得出一个结论——算了。

这些被忽略的东西，最后变成一种说不清、道不明的强烈情结。这种时候，我们可能就会说，这是"直觉"。它的激发往往在一些容易被忽视的细节里。如果我们抓住了某个细节，尽可能不放过它。哪怕很难即刻向咨询师讲述，至少在脑子里，不要忘掉这个细节，把它记录在自己的"小本本"上。合适的时机，我们还是可以提起它的。

写完这篇咨询笔记，莉莉内心发生了一点儿变化，她觉得下一次发生这些"直觉时刻"的时候，自己要勇敢一点儿，不要急于让这一刻就那么溜走，而是在那一刻就把自己的心路历程整理出来，告诉安安，让安安看到自己为了这场对话，内心是怎么搅成一团麻花的。

这个小小的转变，让莉莉和安安的这段咨询进入了新的领域。

安安的咨询笔记 1：

《把自己作为来访者的"容器"》

威尔弗雷德·拜昂（Wilfred Bion）的关于"容器－内

容物"的理论模型，在精神分析理论中有重要意义。"容器 – 内容物"的关系隐喻治疗师要充当来访者心灵的"容器"，容纳一些来访者自己内心难以接纳的内容。

这提醒咨询师，在倾听来访者的时候，要注意那些容易被忽视的细节。很多时候，在咨询中，一些来访者已经谈及的"关键信号"，被咨询师和来访者一起回避或忽视了。换句话说，你们双方都没有"听到"来访者已经谈论的那些"真正重要的事情"。

这个时候，咨询会在"原地打转"，咨询变成了"一种例行公事""汇报这周发生了什么"或者"反反复复谈论那些事"。

听到"真正重要的事情"，需的不仅仅是耳朵，更重要的是心智中可以"装下"这些事情的"容器"。例如，一位恐惧人与人之间激烈冲突的咨询师，可能没有"装下"来访者对咨询师极度愤怒、极度憎恨的情感的"容器"。一位恐惧暴力的咨询师，可能没有"装下"来访者内心幻想干掉他、手撕他的毁灭性的情感"容器"。

越是极端的情感，所需要的"容器"得越"结实"。因为咨询师面对的是剧烈动荡和极端的情感，如果来访者感觉到对面那个听他讲话的"容器"不够"结实"，咨询师听不到来访者内心最极端的情感，或许这样的咨询会在相当长的一段时间里"原地打转"——直到咨询师自己能够面对内心的恐惧。

安安的咨询笔记 2：

《心理咨询中强烈的 "爱" 与 "恨"》

　　如果你在现实生活中有诸多的情绪困扰，感到很孤独，无人理解你，也很少有人认真听你说话，而在咨询中，有这样一个人，每周都会有这样一段时间，你们在一个封闭的空间里，四目相对，对方全身心投入你的讲述，认真倾听，尝试理解你的感受和困境，表现出努力帮助你的姿态——爱上这样一个人，实属正常。

　　但这种 "爱"，和现实生活中的 "爱情" 并不一样。成熟的 "爱情"，建立在互相了解、平等自愿的基础上。可咨询中的 "爱"，天然存在不对等——你的咨询师对你 "了如指掌"，而你对他却 "一无所知"。也正是这种不对等，我们会对此由 "爱" 生 "恨"。

　　咨询中发生的 "我爱你" 或者 "我恨你"，都不仅仅是它们的表面意思。

　　当你在说 "爱" 的时候，也许是在表达愤怒、攻击、防御和想要结束咨询关系的冲动——背后或许是渴望和咨询师建立现实的人际关系。

　　而当你说 "恨" 的时候，也许是表达渴望和深情——我恨你只是一个咨询师，而不能时时刻刻都出现在我的生活里，帮助我解决一切困难。我多么希望把你装进口袋里，带出咨询室，这样每当我情绪崩溃时，你都能出现来解救我。

最强烈的情感往往和人的幻想有关，我们幻想童话故事的情节，里面有最完美的爱与恨。可是，现实往往事与愿违。幻想与现实的脱节，是人们内心痛苦的来源之一。

实践最极致的幻想，往往让人陷入危局。比如，在咨询情景里，要和咨询师谈恋爱，或者把咨询师揍一顿。在现实生活里，把领导揍一顿，或冲到偶像面前亲他一口——当你把幻想用行为来实践时，要么你陷入被世俗道德谴责和承担相应处罚的危险里，要么你陷入"即使这么做也什么都改变不了，甚至让情况变得更糟"的抑郁与绝望里。

应对这种强烈的"爱"与"恨"，最终的形态是，你能够承受它。

也就是说，当咨询师帮助你去理解在咨询室里发生的"爱"与"恨"，你对此达成更深的理解后，最终的理想状态是，你依然有强烈的"爱"与"恨"，但你可以承受这种感觉，而不必非要做什么去化解。它就是一种感觉，你接纳这种感觉，甚至有些喜欢这种感觉。

第 11 章

心理咨询的"魔法"有效吗？

盘点咨询的付出和收获

11

莉莉已经做了一段时间心理咨询了，有时候，她会想自己花了这么多钱和时间，自己都收获了一些什么。在来访者团体里面，莉莉和其他来访者们一起讨论着评估咨询效果的维度，他们讨论到了情绪、人际、自我、生活功能……

最近这五年来，莉莉一直在写日记。她今天翻开日记的时候，发现前年的今日，是她第一次进入心理咨询的那天。在那篇日记中，她写道：

"我似乎无法在我的生活中找到任何过错方，但是我也无法在这个世界中找到任何实在的支点。巨大的空洞在我的胸腔里嗡嗡作响，友谊和亲情都无法缓解那深入骨髓的孤独感，我厌弃自己的躯壳和其中的灵魂，也厌弃自己被抛弃在这个无意义的世界中流浪。

"但是，我更焦虑的是，今天又没有写完毕业论文。"

两年后的今天，恰巧是莉莉的第 80 次咨询。她看着自己去年的日记，用笔引出了一个箭头，写道，"嘿！你已经顺利毕业啦"，然后在后面顺手画上了一个小心心。

莉莉画完这个心形之后愣了一下，那个心形就画在了"厌弃自己的躯壳和其中的灵魂"那句话旁边。小小的心形，仿佛想要用自己微小的身躯温暖那冰冷的"厌弃"，莉莉心想，两年前的自己是绝对不会给自己画小心心的。这两年，似乎有什么东西在悄然发生变化。

莉莉在今天的这篇日记中写道："生活中似乎逐渐出现了一些实在的支点，今天在和朋友吃饭的时候实实在在地感觉到了被她关心和在意。但是现在我偶尔还是会有孤独感，会有难过和低落的感觉，什么时候我的情绪才能更平稳呢……咨询进行了两年了，似乎有一些变化，也有一些未达成的效果，如何评估心理咨询对我的效果呢？"

而这，也是莉莉在和安安的咨询中多次讨论到的话题。

主观感受是评价效果的第一法宝

莉莉曾在一次咨询中问安安："心理咨询进行了这么久，你觉得这对我有什么样的效果呢？"

安安眨着眼睛看着她，还是把问题抛还给了她："你觉得呢？"

莉莉心想：我不要我觉得，我想要一个客观的评定呀。于是，她和安安说："我感觉我似乎有很多变化，但是时间这么长，我又感觉有点儿模糊，不太敢确认自己的感受……有没有评定效果的量表啊？"

安安笑着回复她："有这样的量表[○]，回头我发给你。同样重要的是，此刻你怎么想呢？"

○　心理咨询效果问卷，又称 OQ-45。

　　莉莉认真地想了想："我怎么想？似乎我的第一反应是喜欢每周的咨询时间，期待着咨询的到来。但是，我的主观感受怎么能评估咨询效果呢？你有观察到什么吗？"

　　安安知道莉莉一向很需要具体的指导和指令，她不太敢相信和确认自己的感受，这让她很依赖权威的判断标准和决断。尽管莉莉这个问题本身就透露出或许还有更值得被讨论的议题，安安还是决定先简要而直接地回答她这个问题。

　　安安回答说："你有没有发现，坐在这里和我谈话，你比以前更加放松、更加自在了。"

　　莉莉在心中认真琢磨这种感觉，她很确定安安说得对，但仔细去琢磨，这种变化是怎么发生的呢？她想：我确实越来越放松、越来越自在，我愿意和安安讲一些生活中不愿意告诉别人的让我很羞耻的事情。那么，这仅仅是和一个人从陌生到熟悉的过程吗？可能也不是。我和同事们朝夕相处也慢慢熟悉起来，但真让我去分享和安安谈的那些内心世界，也不太行。而这种和安安的关系中的安全感，似乎也影响了其他关系的感觉：这些和安安分享过的事情，我好像更能和朋友们说了，比如我以前不敢和娜娜说一些我内心阴暗的想法，但现在我可以。这说明，我的确比以前自我接纳一些了？从另一方面想，我还回避了一些话题，比方说我怕让安安知道我心里很恶毒、很极端的一些冲动，我怕她被吓到，所以那些模糊的邪恶冲动，我只能自行消化。这让很多极端的感觉没法展开。

　　莉莉在心中默默地给这一点打了 80 分：我在咨询中的

确变得更自由，我也把这种自由表达的感觉，一部分带到了我的亲密友谊中，但同时还有一些话题需要更安全的空间才能展开。莉莉似乎也明确了之后的一些方向，只是她清楚，现在的自己还没有准备好。

给心理咨询做个"中期总结"，都会有哪些条目

在那次咨询之后，莉莉依旧在思考咨询效果的事情。她很喜欢做各种"年终总结"，在年终总结中，她会一项一项列出自己各个维度的状况。咨询的"年度总结"对她来讲也很重要，但评估咨询效果的"维度"，要怎么列呢？

莉莉把这个问题带到了她的来访者团体中。在团体成员的视频界面一个个打开时，她就迫不及待地提出了这个问题："大家都是怎么评估自己的咨询效果的呀？"而团体成员们的看法也各有千秋。

有"感性直觉"派。一个成员说："这个东西没有办法被量化，理性的思考可能反而会破坏更重要的部分。这么说吧，你做了两年的咨询了吧，我就问你，如果把现在的你和两年前的你相比较，同样的生活情境，你更想用哪个人的人格或状态去生活？"

莉莉想了想，现在的自己似乎真的和两年前的自己有区别。她凭着感觉说："现在的自己。"

"那就没问题！那就说明咨询有效果！"

莉莉若有所思，这个问题的设计里，似乎带有对"自我"这个有点儿抽象的东西的感知。无论如何，她好像确实更喜欢现在的自己。

这时候，另一个"理性分析派"的成员说话了："我觉得这个要结合咨询目标来看。想一想你的咨询目标实现了吗？甚至可以用一些评分的方法。我和我的咨询师就一起做过这样的事情，用10点评分法，评估我的抑郁情绪的变化。'1'代表完全没有抑郁情绪，'10'代表抑郁情绪十分强烈。一段时间就可以观察到咨询在处理抑郁情绪上的效果和自己的变化。"

莉莉和另外一个成员说："可是我好像没有特别明确的咨询目标。"莉莉追问："那还有呢？还有别的思考咨询效果的维度吗？"

这时，团体的发起者，那个作为来访者经验最丰富的阿洁发言了，她属于"全面思维派"，直接一条一条给莉莉列了出来。

"你可以从这几个角度去想：第一点是，对于社会功能的感受。吃好睡好了吗？学习工作顺利运转了吗？第二点是，对于主观痛苦感和幸福感的感受。痛苦感降低了吗？主观幸福感更强了吗？第三点是，对于和自己的关系的感受。更了解自己吗？更接纳自己吗？更善待自己吗？第四点是，对于人际关系的感受。是否感觉到更多的被爱、被支持？对重要关系满意吗？"

生活功能与主观幸福感

阿洁如此全面的总结让大家都纷纷点头。莉莉在纸上奋笔疾书记下了所有点，然后在第一点那里圈了个圈，和大家分享道："说起来，我一开始进入咨询的时候，就是为了第一点。那时候我还在读研，其他我的困扰和期待我都说不清，但是我知道我需要赶快写完毕业论文，好顺利毕业。"

有几位组员也有同感，他们分享说，自己一开始进入咨询的期待，就是源于希望解决某个具体的人生困境（用咨询师们的话说，叫提升社会功能）——顺利毕业、找到工作、融入职场，或者换一份更心仪的工作……

一位组员笑着感叹："虽说一开始抱着如此现实的目标进来，但是慢慢发现，原来实现这个目标的路上，阿洁说的主观情绪、和自己的关系、和他人的关系，这其中的状态和议题，都会被捎上，一起被讨论和改变……"

莉莉接着说："而且后面这几点的改变，最后也都能影响'社会功能'这一点。我发现，随着咨询的进展，我的熬夜习惯和暴饮暴食也在不经意之间改善了很多。而这些改变都是和阿洁说的后面几条的改变分不开的。"

大家都非常赞同，于是讨论的话题快速移到了第二点上。

对于主观痛苦感和幸福感的感受，有成员提出了异议："一定要痛苦感降低吗？之前我们也说过，咨询中会体验到更强烈的痛苦感是一个挺常见的事情。"

另一位成员回应说："我感觉我还没有达到真正的痛苦感降低。但是我确实对自己的痛苦感有更多的理解了。这让痛苦感变得更可控，不再是'铺天盖地'而来的感觉。"

也有成员附议道："我也还是像以前那样经常感觉到很焦虑，但是现在我感觉到焦虑之后，就会去写日记。宣泄式地把让自己焦虑的东西都写下来，会让我感觉好不少。"

有成员总结说："所以，在我们通过主观的情绪感受来评估咨询效果时，除了直接的情绪改善，还有一些更常见的变化，例如对情绪有更多的理解、控制感和自我调适能力。"

莉莉也和大家分享了自己的情绪体验——她曾经常常对自己的痛苦感"语焉不详"，她没有办法描述自己的痛苦到底是什么样子的，或者只能用一些"焦虑""抑郁"之类的标签来定义它。但是现在，她可以用很多方式形象地描述它：有时候，是把情绪写进日记里，"像铁板一样的锈迹斑斑、冰冷，像玻璃罩隔绝氧气一样的窒息"；有时候，是情不自禁地哼一段音乐，随着旋律和歌词，莉莉感觉接触到了某个当下的感觉；有时候，情绪出现在随手画的一幅画中。

有一次，莉莉在工作中完全"宕机"了，不知道自己怎么回事，就是动不起来。手边恰好有一张白纸，刚开始她只是在上面胡乱划拉，但好像慢慢划拉出一些图形，她开始随着自己的直觉，把这幅尚不成形的画给"补全"。当这幅画被呈现出来时，莉莉看到，那是一只被好多"怪物"追赶的小猫——这唤醒了她曾经那个被无数只手抓住的噩梦。她一下子意识到，这一刻的宕机，是因为工作中同时出现、需要响应的需求太多了，让她在这一刻感到窒息。当她从自己的画里理解到此刻自己的状况后，她感觉慢慢好起来了，一点一点开始行动起来，解决手头最小的一个工作任务。

"能够描述那些情绪似乎就是重要的进步。"莉莉感觉到自己在离自己更近，那些被描述和认真看见的情绪感受，也被描摹出了自己的形状。

自我觉察与自我关怀

莉莉的分享把大家的话题引向了"和自己的关系"的维度。大家纷纷表示，"自我觉察"是咨询的重要效果之一，但是这个词又有点儿抽象，怎样才算是自我觉察呢？

一位有很多年心理咨询经验的成员说："自我觉察，或者说对自己的理解，可以涉及很多层面。比方说情绪、人际关系、困扰自己的问题等。而觉察到之前没有意识到的'自己'，可以神奇地帮助我们化解一些问题。"

另一位成员马上就举了例子表示赞同："我一开始去咨询是因为我经常对工作感觉很焦虑，以前我把这些全部归因于社会竞争压力大。经过咨询，我其实对我自己这个人是怎么一点点长大的有了更多的理解。我意识到我从小就很害怕被批评，只是我常常用非常努力地学习和好成绩掩盖了这些。当我逐渐意识到这些，放松了我对自己的完美主义要求后，工作焦虑的感觉就神奇地被缓解了。"

大家七嘴八舌地议论起来，纷纷讲述起了属于自己的那份"觉察"。有的成员更加了解了哪些线索或生活事件可以诱发焦虑或抑郁，有的成员更加明白了朋友什么样的表现会让自己非常愤怒，而这愤怒背后在表达自己什么样的需求，也有的成员意识到在自己自我批评的声音背后，隐藏着怎样的一种对于被抛弃的恐惧。

莉莉心里面想着自己对自己的理解。曾经，她把很多外界对自己的评价直接吸收进来，变成"自己的样子"，比方说：懂事、自律、乐观。现在，她明白那些只是外界看到自己的样子，而更重要的是自己感受到的真正属于自己的特质。莉莉感觉似乎在咨询中自己的样子也变得逐渐清晰起来，她对自己"没有那么想懂事""自律下面是对控制感的需要"有了更实在和清晰的感觉。

这时，有另一个成员提出："你们会不会在咨询中，虽然说了解了自己更多的方面，但是也觉得自己更有问题了？我觉得我好像是好多问题的集合体，难以解决啊。"

这是最近加入团体的新成员，她最近持续咨询了三个月。有其他几个成员附议："在咨询早期我也有过这种感觉。"

莉莉说："我觉得在咨询中去了解自己，包括了解自己的困境，都很有意义。但同时还有一个很重要的事情是，我们在咨询中学习用善意和关怀的态度去感受这些。"

另一个成员表示了赞同："对于那些本身就容易自我批评的人来说，这并不容易。但是我觉得在'自我'的改变评估这一维度，自我友善和自我关怀的态度也是重要的。"

"什么算是自我友善和自我关怀的态度呢？"那位觉得自己是"问题结合体"的成员继续提问。

莉莉分享了自己的感受："我觉得在长期的良好的咨询过程中，我们会逐渐体验到对自己更加温柔、接受和善意的感觉。这可能源于我们学习到了咨询师对待我们的温柔接纳的态度，并慢慢将这种对待自我的态度迁移到生活的方方面面中。"

莉莉顿了顿，继续说："你可以想象一下，你自我觉察的声音的形象是什么样。这个形象可能是一个对自己不友善的状态，比方说像一个严厉的老师，或者冷冰冰的机器人，它指指点点说，'你的父母婚姻关系不好，所以你有不安全型依恋'。同样的自我觉察声音，这个声音的形象也有可能是关切的、温暖的样子，它真正地体会和关切你的感觉。它会说，'你的父母婚姻关系不好，你在小时候体验到很多害怕、担忧、疑惑、愤怒（一定是你真正体验到的感觉），这些感觉也组成了你现在在人际关系中的不安全的感受……'。你不会觉得它在批评你，而是觉得它带着温暖和关怀。后面这个形象和声音，就是一种自我友善和自我关怀的态度吧。"

从咨询室中的关系到生活中的关系

说完了主观情绪感受、对自我的了解和与自己的关系，大家讨论的话题又集中到了人际关系上。神奇的是，在人际关系这个方面，大家或多或少都感觉到了一些变化。哪怕在咨询一开始，"人际关系"并不是每个人都有的主诉议题。

莉莉在人际关系方面深有感触，她分享了自己和安安的一段故事。

莉莉在曾经很长一段人生中，有着社会意义上很不错的人际关系。在别人看来，她有很好的朋友，人缘不错，老师和父母都关心她……但是莉莉始终觉得自己和所有人都隔着一层什么。那像是一层薄薄的透明的纱布，让所有的"感情交汇"的时刻，都显得有一些黯然失色。

直到有一次，莉莉在咨询中讲述自己的痛苦感，一如既往地，她是笑着讲的，还在这件痛苦事件的讲述中穿插了好几个"笑话"。而她一抬头，看到安安红红的眼眶和打转的泪水。含着泪，安安关心地、认真地询问："这是一种怎样的痛苦啊？"

莉莉形容自己当时的震惊就像是"盘古开天辟地"一样，听起来有点儿夸张，但是安安关切的泪水，让莉莉第一次感觉到那个脆弱、痛苦、不堪，需要用"笑话"包装起来的自己，是会被关心、被心疼的。原来在关系中，是可以呈现那部分真实的自己的。

后面这句话，是过了很久之后莉莉的一句总结。当时在莉莉的世界里发生的事情是，她开始无意识地、一点点地，在其他人际关系中"复制"那段和咨询师的体验。尽管生活中的他人的回应各不相同，但是完全没有莉莉曾经想象得那么糟糕。她开始在与他人的互动中展现更真实的自己。那层透明的隔断的纱布，在莉莉的一些关系中，被渐渐掀开。

莉莉分享完这段经历，也有点儿鼻头酸酸的。她看到了团体里面其他成员认真地看着她，她知道，这段真诚的、展现真实的自己的分享，是又一次人际关系的"新尝试"。莉莉在心中感慨：原来心理咨询的效果就是这样，会在一些不经意的瞬间表现出来。

受到莉莉的感染，其他成员也开始分享各自在人际关系中的变化。

一位成员说："我开始能够在困难的时刻，向我的朋友们寻求联结和帮助了。"

另一位成员说："我能够向别人表达不满和生气了，你们要知道，我以前可是个公认的老好人。"

还有成员说："我的变化很现实。我和多年不联系的家人恢复了联系，并且建立了一段稳定的恋爱关系，年底准备结婚啦！"

也有一些成员在听到大家兴高采烈地分享自己的改变时显得有些失落。一位成员提出："大家说的这些改变都好诱人啊，可是在我身上似乎没有发生这么多变化……"

"有时候感觉看不到咨询的效果也是正常的。"阿洁的回应一如既往是来访者团体的信条,"把你的这种感受和你的咨询师谈谈吧!无论是对于效果的期待,还是失望或者落空的感觉,都会成为咨询中的重要材料。"

在这次来访者团体会议快结束的时候,大家似乎都有一些思考。莉莉也更清楚地看到了自己已经获得的效果,同时也厘清了很多自己期待但尚未获得的效果,她打算再在咨询中和安安讨论一下。

《安安的心理咨询笔记》

心理咨询效果的评估维度,包括但不限于:

(1)社会功能情况

社会功能指个体完成一些必要任务的能力,即让自己的生活顺利地运转下去的能力。例如,能够基本完成必要的工作和学习任务,能够维持必要人际关系的基本运转,基本正常的睡眠、饮食和起居状态等。

(2)主观幸福感和主观痛苦感的变化

一个简单的理解是,抑郁、焦虑、恐惧等情绪的强度和频率下降,平静、愉悦等情绪的强度和频率增加。但是,情绪的好转往往是一个螺旋式上升的过程,甚至在咨询中重新体验和消化一些事件和感受,可能会短暂地让人的"负面情绪"变得更强烈。以下也属于咨询发挥效果的信号，例如：对自己心情低落的诱发因素和心理变化过程有更多的理解；习得一些与负面情绪共处的自我调适方式；尽管体验到一些负面情绪，但是麻木、不真实的感觉变少了，体验到更多的真实感等。

（3）和自己的关系、对于自己的理解

心理咨询是一个深入内心与自己对话的过程，这个过程可能让来访者感受到和自己关系的改变，例如：更加接纳和善待自己，更少的自我批评；更多的成为自己的自由，更少的内心冲突等。另一个很重要的改变就是对自己的困扰和自我有更深的理解，包括更理解心理困扰发生的原因、内在的心理运作过程、防御或认知在其中起到的作用等。来访者或许会对自己是一个什么样的人，有更加真实、全面的理解。

（4）人际关系情况和感受

人际关系包括与父母、亲人、伴侣、朋友、同学或同事等的关系网络，而人际关系问题的改善或人际关系满意度的提升都体现了心理咨询的效果。来访者可以体验到更多的被爱、被支持，在困难的时候能够从人际关系中获得抚慰，在人际交往中感觉自在、安全，拥有亲密的人际关系对象（无论是朋友、伴侣还是家人）、更少的孤独感等。当然，哪怕是对自己的人际关系困境有更多的观察和反思，也都体现了心理咨询对人际关系的效果。

第 12 章

如何面对分离?

是结束，也是新的开始

12

在莉莉的心理咨询中，她经历了好几次"咨询中止"。从一开始停掉咨询的念头在脑海中徘徊和纠结，到某一次她下决心停掉它，再到她在疑惑中重启咨询，整个过程充满反复。而最近，莉莉开始更深地体会到，和安安的这段咨询也许是时候停止了……

莉莉一直都很讨厌与告别相关的"戏码"。

她还记得，高中毕业的时候，她在那个坐了三年的教室里上的最后一节课。那个她一直很不喜欢的中年班主任，突然哽咽地、泪眼模糊地望向他们："你们要去更大的世界了。"

她很难说清楚那句话里面的意味，但她莫名地感觉内疚，感觉到无法言状的悲伤，感觉自己丢失了什么东西，感觉慌乱和无措。

后面，她还经历了很多次分离。

父母送自己去上大学。在机场与父母分开的时候，她的目光不偏不倚落在妈妈的白头发上。她痛恨自己在分离的那一刻发现了这个。那一刻，她似乎觉得自己的成长是在"背叛"父母的付出。

爷爷去世的时候，她感觉自己完全"冻住了"，在所有人都在流泪的时候，她觉得一切都变得不真实。她没有经历真正的难过，她一度痛恨自己的"冷漠"，但是她在之后好长一段时间，失去了对生活的兴趣。

当大学时代最好的朋友决定定居另一座城市的时候，她在车站和朋友告别。好朋友坐上火车，她看着火车"哐当哐当"开走的时候，她感觉自己的一部分在"哐当哐当"地碎掉，而当火车从她的视野中消失时，那"哐当哐当"碎掉的自己的碎片也被一并带走了，留下了缺了一块的自己。

每一种分离都让人措手不及。而心理咨询，也终有一天会走向分离。

人有多么恐惧分离，就会有多么抗拒依赖

在咨询大概进行了三个月的时候，莉莉刚刚毕业。集中面对与很多人的分离，也让莉莉第一次想到了与安安的分离。

神奇的是，这种感觉同时也出现在莉莉开始对安安感觉到依赖的时候。

当安安温柔地讲出自己的感觉，坚定地告诉她，她确实过得很不容易的时候，她出神地看着安安，想法早已从当时的话题中飞出去了——她多么想和眼前这个美好的、似乎具备所有温暖特质的人靠得更近，甚至融为一体。

但是几乎是同时，她想到了咨询总有结束的一天。想到了终有一天，自己会结束和安安的见面，而且在现实生活中见到安安的可能性也微乎其微。

莉莉下意识地开始撤回自己对安安的依赖和渴望。下一

次咨询的时候，她错过了闹钟，又坐反了地铁，整整迟到了四十分钟才到了咨询室。

莉莉气喘吁吁地坐在沙发上，为自己的迟到道歉后，马上开始说："最近我的生活里好像没发生什么特别的事，我顺利毕业了，也不用再和导师相处了，我好像也没有那么多痛苦了。"随后，莉莉开始用很快的语速东拉西扯。

安安歪着头有些疑惑地看着莉莉，好像没搞懂莉莉在说什么。

莉莉感觉到安安似乎想穿过自己用杂乱的语言建造的围墙，看到更里面的一些事情。

果不其然，安安并没有接她的话，而是缓慢地说："我觉得今天，我们之间隔着一些什么。你有这样的感觉吗？"

莉莉不置可否，陷入沉默。

安安接着说："上次你说了一些和我在一起时好的感觉，我能感受到我们关系的亲近。但我同时在想，感觉到依赖和亲近可能同时激发我们的恐惧和害怕，让我们想要推开，不要那么紧密。"

莉莉马上说："我想到有一天咨询会结束的。一想到这一天，我们再也不会见面，我就觉得依赖你是一件非常可怕的事情。我最好不要太依赖，否则分离的时候，我会太痛苦。"

在那次咨询中，莉莉突然意识到，原来，面对分离的能力也会影响依赖和亲近的质量。人有多么恐惧分离，就会有多么抗拒依赖。

安安的一句话稍稍安慰了莉莉一点儿——"如果到了分离的时候，我希望，我们有机会认真谈论它，而不会突然结束、不告而别。我想今天你想让我明白，分离对你来说有多么困难、多么难以承受，你很害怕和我分离。"

在这些时候，还不适合马上分离

在那之后漫长的起起伏伏的咨询时光中，莉莉也遇到了几次想要结束咨询的情况，像是之前因为感到被安安拒绝而非常受伤、想要逃离的时刻。每一次探讨与结束相关的感受和联想，都让莉莉发现了一些新的内容。再回想的时候，莉莉十分庆幸自己并没有在不合适的时间结束咨询。

有一天，莉莉再次进入"来访者联盟"的论坛，看到大家在热烈讨论"遇到这些情况，我到底要不要结束咨询"。莉莉总结了一段自己的经验发了上去。

> 一些可能并不适合立即结束咨询的情况：
>
> （1）咨询中浮现出一些自己想要逃开的话题
>
> 想要结束咨询可能是因为，我们和咨询师在讨论的或即将讨论的话题，正是我们想要回避的，这意味着咨询触及了一些我们曾经长期不允许自己体验的感受。这种感觉很不舒服，因此我们会想要逃开，但这可能意味着心理咨询的深入和进步，

因为我们触碰到了一些重要、深入的话题。

（2）我们想要结束关系的情境与日常生活的经历相似

我之前一直习惯和其他人保持距离，当我感觉到和咨询师的关系逐渐真实和亲密时，我就会感觉不舒服，想要离开这段关系。如果是类似这样的我们生活中似曾相识的情境，那么由此导致的咨询的结束可能只是在重复日常我们固有的人际关系模式，而这情境本来有机会让我们通过咨询进行探讨和成长，成为让我们体验不一样的人际关系的一个重要契机。

（3）客观环境变动

我们在咨询进行的过程中可能会发生诸如搬家，离开咨询师所在的城市，因经济变化无法支持咨询费用等情况。在这些客观环境变动阻挠我们原有的接受咨询的状态时，除了直接中断咨询之外，也存在其他的可能性。我们可以尝试与咨询师共同商议是否对咨询设置进行一些调整，诸如调整咨询价格，改为视频咨询，调整咨询频率，等等。

总之，以我作为来访者的经验，大家可以与咨询师坦诚地表达和讨论自己的感受，给自己留一点儿空间去听一听咨询师的反应。但与此同时，如果我们想要离开咨询是出于一些不适感，那么那些不适感能否被咨询师看见、理解，对方是否愿意与我们一起面对也是重要的。总之，留下与否的权力，还是在我们自己手上的！

——一个资深小来访

咨询终止的前奏

莉莉的咨询一晃过去三年多了。莉莉从一个焦虑于毕业的研究生，变成了一个初步适应了职场的打工人。一个周末，莉莉抢到了自己梦寐以求的演唱会门票，提前和安安请了假。

"这周我要去看之前和你说的那个，我非常喜欢的歌手的演唱会！这次我需要请一次假哦！"

而下一个周末，正好是莉莉和男朋友在一起的两周年纪念日，男朋友和莉莉提前订了度假山庄的票，莉莉又向安安请了一次假。她给安安发了消息："不好意思啊，这周我和男朋友过两周年纪念日，要出去旅游，我还得再请一次假。"

再下一个周末，莉莉又回到了咨询室中。安安似乎对她这两周的经历很感兴趣，温柔地问她演唱会和与男朋友相聚的感受。而从这个话题出发，莉莉也和安安谈到了她最近的进步。

莉莉告诉安安，关于去看演唱会，有一个小插曲。演唱会是她梦寐以求的，但是领导临时给她安排了一个加班出差任务，并且暗示她："你年龄最小，理应承担得多一些，要是能帮助单位承担下来，领导们都会很满意。"

莉莉略带"得意"地和咨询师说："如果是以前的我，我一定会去的。或者说，曾经的我会把'让其他人满意'放在所有事情的最优先项上。但是，最近这一年，似乎有些感觉变得不一样了。我第一时间想到了自己的需要，我想起自己盼望了很久的演唱会和属于我自己的休息时间。我也思考了一下，这个出差任务，除了'让领导们满意'之外，对我自己有什么样的价值。"

莉莉最终选择了拒绝领导的安排，她心平气和地划定了自己的界限，告诉领导这个加班时间自己已经有另外的重要安排了。

"由演唱会这件事情，我越来越感觉到，我有能力体验自己的感受和需求，并且保护和坚持这些。"莉莉形容这种感觉就像是终于在沙滩下挖出了坚硬的矿石，她不再是随海浪、随外界环境要求和期待而随意改变形状的散沙，而是能发现自己的需要、选择和判断的，有形状的矿石。

安安的眼神中流露出深深的认可和欣慰，莉莉看着这样的眼神，恍惚间想到：在漫长的咨询中，她曾无数次被这样注视着，那仿佛是一束温暖而有力的光，逐渐照出了自己的轮廓和形状。"我能够以一个更真实的样子活在这个世界上，同时，那些我爱的人，也稳定地扎根在了我的心中。"莉莉用一种轻柔的语气说。

安安好奇地询问："你愿意多说说吗？"

"我最先想到的还是我的男朋友吧。"莉莉紧接着分享了一长串自己和男朋友的周年纪念日的幸福经历。

"之前的恋爱经历里，我在分开的时刻都是很不安的，无法确认对方是不是还和之前一样爱我，也担心我们的关系会突然断掉。但是现在好像变得不一样了，我和他在一起时是安心的，短暂分开时依旧是安心的。我感觉到有一种更踏实的感觉在我心中种下了。"

安安继续问："什么让你感到踏实？"

莉莉用一种很笃定的语气说："那种感觉就像是，我男朋友这个人在我心中很切实地存在着。他不会突然消失，我们的感情不会断崖式地变化，如果我们的感情有什么变化，我不会全然不知情，我能够感觉到，并在它变化的途中对它产生影响。而我相信他也有这样的感觉。"

莉莉看着安安温柔如水的眼眸。她在心里面悄悄想：其实最早在我心中安家的，很切实的形象，是咨询师安安呀。

咨询终止的愿望：感受自己的进步与咨询的局限

在那之后的几周，莉莉依旧在咨询室中讲述自己一周以来发生的事情和感悟。只是，她更多地开始讲述自己幸福和开心的时刻，也更多地为自己"好好生活"的能力而感觉骄傲。

直到一次，莉莉来到咨询室的时候显得很沮丧，她飘飘忽忽地走到咨询室的沙发旁，半躺在沙发上，用沙发上的抱枕遮住了半边的脸。

当安安和她说"你看起来有点儿难过"的时候，莉莉忍不住哭了出来。绕了几个弯子，莉莉说："我前几天想着，最近好长一段时间，我似乎没有那么需要心理咨询了。我想把更多的时间花在我的日常生活中，我也没有那么依赖你了。但是想到我们的咨询是不是要结束了，我这一周都很难过，仿佛回到了一开始找你做咨询的时候。"

莉莉一边哭，一边偷偷观察着安安的反应。

安安依旧温柔地看着她，然后柔声说道："这些都是非常重要的感受。之前我们也达成过共识，到了分离的时候，我们依旧需要一段时间去谈论它，而不是直接走掉。你愿意花些时间继续讨论这些感觉吗？"

对于莉莉来说，尽管她可以预料到待在分离阶段"沉浸式体验分离"是一件可怕又痛苦的事情，但是似乎三年多来与咨询师建立的联结和信任，让她扬起了一点点希望——或许，我可以在结束阶段更充分地体验这种分离的感受，然后再被安安这张柔软的"毯子"接住呢。

安安似乎也感觉到了，这一次莉莉提出结束，与之前的"结束"不一样。她似乎带着更多对生活的积极感受和准备，提起了结束。安安和莉莉说："最近你谈到一些生活中幸福和开心的时刻，我想你希望我能够祝福你离开，而不是怨恨你。"

莉莉被这句话深深触动了。"是啊。最初那个噩梦里那么多只抓住我的手象征着什么呢？它们在这一刻有了一个具象的答案——是我所依赖、所亲近的人。当我逐渐长大、成熟，开始独立、远走高飞时，那些曾经我爱的、爱我的人，会祝福我，还是怨恨我呢？"

在安安说出这句话之前，莉莉内心的回答，毫不犹豫地会是"怨恨"。当自己读大学非要离开家乡时，母亲彻夜地流泪和不停地念叨"女儿长大留不住了"——那些眼泪和念叨是带刺的温柔，深深刺进莉莉心里。我的长大和远走不被祝福，而是带去伤害——这让莉莉一直活在内疚之中。

而这一刻，安安深深地看到了，莉莉需要这个"放手的祝福"。

当莉莉的两颊布满泪痕时，她认真地说："你还记得我一开始说自己的胸中仿佛有一个空洞的感觉吗？那个无边无际的空洞感，现在它正在变得有边界起来。"莉莉似乎感觉到这么说有点儿抽象，于是继续说，"有时候，当一个人独处时，我依然会感觉心里空落落的，但那种落空的感觉有了底——当我感受到，你祝福我的样子留在我的心底的时候。"

安安被深深地触动，眼泪也悄然滑落，她很认可地点了点头，仿佛在说这些美好的变化她都看在眼中。她们一起沉默了很久。随后安安开口说："有边界的空洞，好像没有那么可怕了。"

莉莉陷入了遥远的回忆中。"在很久之前，那个空洞没有边界，那时候，那种无意义和虚无的感觉时常吞噬我。我无法在情感上真正和我的好朋友们在一起，也无法从自己颇有成就的学业和事业上获得真正踏实、有意义的感觉。一切都轻飘飘的，仿佛一阵风就吹散了。"

莉莉顿了顿，接着说："而现在，我似乎感受到了一些实在的感觉，就像我之前说的，我能够感受到并坚持做那个真实的自己，我爱的人在我的心中扎根。但是，那个空洞也没有彻底消失。在安静的午夜时分，在睡前或者一些因噩梦惊醒的时刻，或者是一些长久的独处的时候，我依旧有可能会感觉到一种孤独的沮丧感。或许这就是'有边界的空洞'吧，因为孤独和偶尔的无意义感也还是存在着，但不会完全吞噬我这个人了。"

安安一方面肯定了那些好的变化，另一方面也关注着那个没有消失的空洞。

思考仍然没有消失的空洞似乎引起了莉莉的不悦，莉莉说："其实这种空洞的感觉，我和你说过很多次了，但是，我始终觉得你没有办法和我一起真正进入那个空洞之中。"这个话题和不悦的感觉在咨询中确实已经出现过很多次，莉莉和安安一对视，似乎各自都对这种局限感了然于心。

莉莉继续说："你已经帮助了我很多，我们曾一起进入过这个空洞的上层，我们在空洞的旁边施工，你和我并肩坐在空洞的边缘上试图一起凝视这个空洞的深渊。所以，它现在是一个有边界的，甚至旁边已经种上了花儿的空洞。"

安安认真地看着莉莉说："我们也曾讨论过，你始终觉得我无法完全理解，就好像你感觉我内心的空洞和你内心的空洞永不重合。所以，你不再执着于在我这里获得这种合一的体验，而想去广阔的世界，寻找新的方式去处理它，是吗？"

莉莉想了想说："我似乎有一种冲动，想要带着这个有边界的空洞，试一试独自面对生活。我知道我的生活里面可能依旧会有困难或者痛苦，但我也觉得我有了足够的稳定和力量，当我意识到这些的时候，我就很想——自己干一票！"

"自己干一票？"安安问。

"如果，这个世界是一个游乐场，当然也不是没有困难险阻和各种问题。但我想自己骑着单车，自己拿一份地图，自己为自己规划一条线路，去探索这个游乐场。我想，一路上我会发现我自己真正喜欢的'游乐项目'，会遇到一起同行和珍视彼此的'游客'，也会害怕、会恐惧、会难过，但我在即将拿到这个游乐场的独立入场券的时候，我依旧会想要热切地搓搓手，期待会发生的未知的一切。"

莉莉继续说："在我的想象里，你也在这个世界的游乐场中，只是我们不会再约定每周在一个地方见一次。"莉莉深深地埋下了头，又猛地抬头。"但是，如果未来，当我很需要你的时候，我还能在这个游乐场里找到你，对吗？"

安安看着她，认真地点了几下头，告诉她："是的，在你需要的时候，你知道怎么找到我。"

安安肯定了莉莉想要"自己干一票"的兴奋感，她像是看着兴冲冲离家的孩子一样，在内心默默为莉莉祝福。但同时，作为这段关系中的"大人"，安安确实也想得更多。安安再次追问了莉莉："那关于我们这段咨询中还没有完全处理好的部分，比方说那个空洞，会怎么样呢？"

莉莉的声音中似乎也带上了一些遗憾感，她说："或许这是一次咨询的暂停，我在暂停之后，会用我自己的方式去探索和感受这个世界。也许，在未来的某个时刻，我会产生继续在咨询中去探索自己的动力，再回到咨询中来。"

安安微笑着，认真点头。

带来成长的"终止阶段"

安安和莉莉一起商量了一个结束阶段的时间，她们决定用五次咨询的时间来讨论结束。

在结束阶段的前四次咨询中，二人一起盘点了在咨询过程中的收获，莉莉感觉自己似乎整合了更多的内容，也更加清晰地明白如何把咨询中的收获运用到日常生活中去。

二人还一起讨论了对未来的预期。安安与莉莉一起想象了未来可能面对什么样的挑战，以及该用什么样的方式去面对。她们也一起讨论了对未来的期许和计划。

也有很多时候，莉莉沉浸在分离的悲伤中。她感受着与安安在一起的时光一天天倒数，而她发现，曾经在自己的分离场景中发生的感觉，也在如回光返照般一一重现。

莉莉发现尽管安安不含怨恨地祝福自己，但自己依然会为自己的离开而感觉内疚，曾经对母亲造成伤害的印象依然留在她心里。安安指出了这一点，而莉莉感觉最重要的是，安安依旧稳定、充满祝福地看着她离开。"拥有独立的能力，是一件值得开心和祝福的事情。"

莉莉发现自己偶尔在悲伤中感觉"冻住"，那是一种麻木的感觉，她在咨询中无法再体验自己的悲伤。她和安安说："我感觉我好像突然又变得冷漠了，我似乎感受不到什么感觉。"而安安告诉她："你不是没有感觉，或许是离别的感觉过于强烈了，它们太多了，所以被冻结在那里了。"

在那些诠释下，莉莉似乎可以更"简单"地沉浸在分离的悲伤中。她试着用各种各样的方式来形容分离的感觉。在某种程度上，分离在她的心中曾意味着死亡，意味着一段关系的死去——一段关系再也没有任何可能性。像是电影的终幕，像是远去的消失在天边的帆船，像是秋天最后一片黄叶离开了硕大的梧桐树，像是在海边的沙滩上写下的字被海浪冲刷着消失。这段关系连带着曾经的记忆，连带着组成自己的重要部分，一起丢失了，一起被时光这把大锁锁在了过去，再也无法探视，再也无法靠近。

当莉莉看向安安的时候，发现安安的眼神中也溢满了悲伤。

安安之后说的话，被莉莉一字一句记在了日记本中。安安说："我也会为我们的离别感觉悲伤。人是有限的，我们无法融合，你也无法全然被我理解，我更不会用让你失去独立的代价，去对抗这个世界关于分离的真相。"

"那些我们关系的曾经的记忆，那些关于你自己的重要的部分——我会打开那把锁，把它们也带到我的记忆中。在我的世界中，我会在想念它们的时候，去探视这些记忆，去靠近我们的感情。"安安顿了顿，认真又有力地说，"分离不会让发生过的真挚情感消失。"

生活和咨询都不是一个完美的旅途

莉莉在前四节的"告别"咨询中，收获了很多东西。最重要的是，她对于分离的感受，终于在一个安全的环境中得以流出和被看见。但是这一切依旧是令人痛苦的。

按照两个人的约定，在这次之后，莉莉还有第五次，也就是最后一次的咨询。莉莉几番纠结，最终并未赴约。她非常抱歉地给安安发了消息："想了想，我还是难以忍受我们的最后一次咨询，这次咨询我决定不来了。分离真的太让人悲伤了，我知道我还是没能完全直面这些，所以，就带着遗憾为我们的咨询按下暂停键吧。"

安安回复了莉莉一段话："心理咨询本就不是一个完美的事情，就像生活一样。没有一个完美的结束，没有一个完美的人格或者生活状态，这就是人生本来的样子。但我相信你已经有了属于你自己的力量去面对你的生活，在未来你需要的时候，你可以随时回来。"

终止咨询的那一天，莉莉又翻到了那本《西西弗神话》。

西西弗被众神惩罚。

他被困在滚石头的循环中，毫无意义，又不能停止。

莉莉曾经以为，西西弗可以扔掉石头，一走了之，就像她曾经以为的人生的解法——或许是心理咨询，或许是其他的什么东西，可以帮助自己永恒地脱离痛苦与无意义的处境。

但她现在发现，那是一个无解的命题。西西弗从来不能扔掉石头，就像人类终究无法摆脱分离与死亡制造的痛苦和无意义的处境。但是，西西弗开始为自己推石头。这一切不再是众神的惩罚，而是西西弗在直面人生存在的困境后的主动选择。西西弗的灵魂不再是痛苦循环中的被动傀儡，而是可以体验痛苦，也可以体验更多复杂情绪的主体。

心理咨询的历程，从开始的那一天，到结束的那一天，是西西弗又一次推石头上山的一天，也是看到石头再一次轰然滚落的一天。而在之后全新的每一天中，西西弗将成为自己"推石头"的主人。

安安的心理咨询笔记

《理想情况下，心理咨询的结束》

心理咨询应该何时结束，没有一个统一的标准。最重要的是，你感觉更好了，感觉自己可以独立面对生活了，就可以提出结束。但如果你依旧有些犹豫，也可以从以下角度出发，来判断自己是否适合结束咨询。

（1）心理咨询的目标基本达成

如果你在咨询开始前有一个明确的目标，或者在咨询过程中与咨询师探索出了一个具体的目标，当这个目标基本达成时，一些来访者会考虑结束咨询。即使这些目标没有完全达成，但你学会了如何在日常生活中继续向目标前进、完善自己，也可以考虑结束咨询。

（2）对自己的情况更为了解，学会了一些处理生活中的挑战的新方式

例如，因为抑郁情绪而寻求心理咨询的帮助，而现在你更了解自己在什么情况下可能触发抑郁情绪，以及抑郁情绪背后的原因；同时，即使仍旧偶发抑郁情绪，但你知道自己可以通过哪些方式帮助自己缓解情绪，即使离开心理咨询师独立生活也可以自己帮助到自己。

（3）心理困扰的强度显著降低，症状改善

如果你因为情绪或躯体问题寻求心理咨询，那么症状改善是一个非常重要的标准。例如，自杀想法的缓解或消失，抑郁情绪的强度降低或频率减少，焦虑发作的情况缓解，失眠的情况好转，等等。

（4）生活功能改善

你感觉自己在工作、学习、作息等让生活正常运转起

来的方面有明显的改善。例如，你可以恢复正常的学业或工作，或在其中表现得更符合自己的期待；你可以有更健康的生活方式，能够掌握健康的饮食、锻炼与作息等。

（5）人际关系改善，人际支持增强

在日常生活中人际关系的改善，意味着你即使结束咨询也可以从生活中获取一些人际支持，对于结束咨询的决定来讲是一个非常重要的参考。

（6）生活满意度的提升

心理咨询的重要目标是让来访者能过上更好、更幸福的生活。因此，只要生活大体来讲变得更舒适或更幸福，残留一些问题或症状有时候也"无伤大雅"。这种主观体验到的"变好"是最重要的指标。"变好"并不意味着解决所有问题，我们也可以去考察那些为自己在困境中"创造幸福"的能力，这其中包含着放松的能力、创造力和娱乐能力等。

附 录

娜娜受邀给社区做一场心理咨询的科普讲座，她想和社区的听众分享：我们生活中总会遇到这样那样的困难、挫败的时刻，有些时候生活中的挫败确确实实会把我们击倒，让我们陷入抑郁、焦虑、迷茫的痛苦里，甚至有些事情的打击是创伤性的。不过，遇到困难我们可以寻求专业心理咨询的帮助……

心理咨询作为一个新鲜事物，在大众心里依然充满着神秘的色彩。那会不会像影视作品里那样，通过一块神奇的怀表把你催眠，从而能够回溯你的前世今生、了解你的未解情缘，疏通你人生道路上的困难；又或是如同小说中，将躲在阴暗角落里的怪人关进精神病院，接受残酷的电击治疗？

很多人可能受到这样那样极端演绎的艺术作品的影响，以为心理学、心理咨询是和人类心灵中如此极端而不可思议的东西工作——所以那些东西和我无关，只当作一种茶余饭后的消遣就好。可能大家不会认为，我们生活中日常的喜怒哀乐，一些鸡毛蒜皮的烦恼和忧愁，也是心理咨询关怀的事情。

所以，C市心理协会这次组织了100场心理科普进社区，希望将科学的、接地气的心理学带进大众视野，让社区群众了解到，我们日常的喜乐忧愁也是值得关心的事情。

娜娜受邀参与了其中几场讲座，和群众分享"常见问题的心理咨询指南"。下面是娜娜的一段备课讲稿。

常见问题一：关系问题

关系问题，是所有心理问题中几乎都会包含的问题。这个问题包含了两个层面：第一，每个人内在都有一个"关系自我"，即"我觉得，在别人眼里，我是一个怎样的人"的基本判断；第二，每个人外在都有一个"实际的朋友圈"，即"日常生活中，我曾经交往与正在交往的人们"。

这两个层面会相互影响，相互交织在一起。

1. 普通人际关系

通常促使人们来寻求心理咨询的，是"关系自我"，即"我觉得，在别人眼里，我好糟糕"以及与此相近的感觉。不过，"关系自我"通常会以"实际的朋友圈"的某种形式表现出来。例如，我和同事关系不好，相处不来，我没有朋友，我被周围人排挤了。

但实际上，"实际的朋友圈"的内容，所反映的是"关系自我"。比如，我和同事关系不好，相处不来，可能反映的是，我认为同事很讨厌，可我又很害怕冲突，不敢表达对我的同事的不满，于是将对同事的怨恨深埋在心里，久而久之心里憋得慌。

　　表面上看，是你和同事相处不来，但实际上你们之间并没有发生什么，而是在你内心里有一些关于同事的看法和感受，并以此预测了"如果我讲出不满，我和同事的关系会因此决裂，大家还要在一起工作，这么做会很尴尬"。

　　这种预测，会进而影响你和同事相处的行为，你开始回避、减少和同事的交往，造成被排挤的处境，于是"实际的朋友圈"确实如你感觉到的一样，"在他们眼里，我好糟糕啊"。

　　这就是"关系自我"和"实际的朋友圈"之间相互影响，相互交织。

　　如果你有一个"关系自我"的困扰，并带着一些"实际的朋友圈"发生的故事，来寻求心理咨询师的帮助，你可以了解这样一件事——你和心理咨询师这个人之间，也是一种"关系"，你们之间的关系，也往往会反映你的"关系自我"。

　　比如，你可以问自己：我是不是担心咨询师的评价？我是不是讨厌咨询师的某些方面，但不敢表达？我是不是渴望咨询师认可，却总是得不到他的积极反馈？……把这些问题放在咨询的过程里讨论，或许会对你的咨询有所帮助。

2. 亲密关系

　　亲密关系是一个很复杂的议题，它会比较深刻地影响一个人的"关系自我"，也会很深地受一个人的"关系自我"的影响。

　　失恋后想要挽回对方，分手后感觉自己生活乱七八糟，单恋一个人求而不得，或暗恋时既想要又害怕接近。在恋爱中感情得不到满足，存在出轨的现象，害怕结婚，结婚后总有巨大的冲突，感情中存在暴力、虐待或精神控制，婚后频繁出轨，性取向不明，性取向是明确喜欢同性，拥有其他小众的性取向，性生活不和谐，离婚、分居、丧偶……

亲密关系中，有无数种情况会让我们陷入心理困扰。而困扰背后的核心是：爱。

它会涉及一个人的人格特质、依恋模式、自我认同等方方面面。我们可以适当了解人格与依恋的知识，但不建议过分给自己或伴侣贴标签，因为每一个独立的个体都非常复杂，并非简单的一个标签可以概括的。我们要允许自己深入而细致地去了解一个人，就如陀思妥耶夫斯基那句："爱具体的人，而非爱抽象的人。"

而心理咨询的过程，也是一个了解具体的人的过程。

常见问题二：生涯规划问题

在一个人的一生中，"职业"占据了相当大的成分。由职业带来的压力如果过大，则有可能导致抑郁或者焦虑，因此，选择一个让人满意的职业对于心理健康十分重要。

当一个人迈入新的职业生涯时，无论这是第一次还是第二次，或者是第 n 次，这都会给人带来非常大的压力。职业规划咨询，或者叫生涯规划咨询，是在人们选择职业、改变工作或者离开一个工作时，为人们提供帮助的心理咨询类型。

1. 什么时候可以找职业规划咨询师

当你在考虑最适合自己的职业是什么，或者在寻找一个最适合自己的工作，并且在这个过程中遇到了不太顺心的事情时，就可以考虑找职业规划咨询师了。

2. 职业规划咨询师会给你提供什么帮助

在咨询的过程中，咨询师会帮助一个人探索他的优点和长处，了解他现在的教育水平并且帮助他考虑是否要继续深造，除此以外，还会帮助一个人发现自己的兴趣和人格类型。

常见问题三：婚姻和家庭问题

常见困扰：夫妻关系不和、姻亲家庭双方矛盾（如婆媳关系矛盾）、亲子关系不和，以及孩子的某些行为表现对其他家庭成员造成困扰。

总体而言，家庭治疗相较于个体治疗，其理念更注重调整家庭成员间的关系与互动方式，改善沟通。来访者需要了解家庭治疗的以下特征。

1. 家庭治疗师往往是中立的

家庭治疗对"是谁的责任""谁是坏人"往往没那么在意，而是更聚焦于未来如何建立良性互动；对婚姻关系也不总持有"劝和"的态度，而是需要详细了解互动中发生了什么，各方的态度如何。因此，来访者如仅仅期待治疗师成为家庭关系的"裁判"或"和事佬"，则可能无法从家庭治疗中得到修通。

2. 家庭治疗通常需要较多成员出席

通常而言，家庭治疗师会至少邀请与来访者同住的家人共同参与治疗，必要时还会尝试邀请其他家庭成员。在家庭成员间发出邀请与拒绝邀请时均可能存在阻力，不过，须知更多的家庭成员能参与到治疗中对于治疗的效果具有重要意义。

3. 家庭治疗的其他局限性

不能用于处理财产纠纷、家庭暴力等现实的涉及法律层面的问题。

常见问题四：创伤性问题

常见困扰：创伤性问题相对复杂。它不仅囊括明显的创伤事件（往往带有生命或性威胁意味）所导致的心理创伤，包括自然灾害、性侵、丧亲、意外事故等，也包括长期的非生命威胁的创伤经历，例如长期的情感忽视、家庭暴力、童年虐待等。

复杂性创伤可能有如下的表现：反复体验创伤内容，逃避和创伤相关的刺激物，过度警觉，以及，难以把控情绪（例如，突然暴怒，无法控制地哭泣，麻木等），人际关系上有困难（例如，退缩，或重复性地进入伤害性关系），拥有负面的自我概念（羞耻感、内疚感、自我贬低等）。

来访者需要了解：创伤治疗可能涉及重现过去的创伤。因此，选择专业、靠谱、接受过严格系统的创伤治疗培训的咨询师非常重要。

娜娜作为一名新手心理咨询师，她听从了前辈的建议，去医院的精神科进修一段时间。娜娜在精神科进修了三个月，那三个月，她探秘了很多让人好奇的事情：什么样的医院提供心理咨询？医院的"心理治疗"都是什么样的？任何人都可以去医院接受心理咨询吗？医院的心理咨询贵吗？

娜娜在学校学过一些与精神科相关的知识，比如，如果一个来访者在心理咨询中表现出典型的精神科症状，咨询师就要考虑建议这位来访者去精神科就诊。举例来说：一个情绪低落的来访者，开始表现出明显的失眠、食欲下降、有强烈的自杀想法、低自我价值感、精力下降严重，且这些症状持续了两周以上，影响了社会功能，那他就要先去精神科看一看，再根据精神科医嘱，考虑是否要同步进行心理咨询或治疗。

医院的精神科，除了"治病开药"的门诊之外，有一些还有心理咨询／治疗门诊，甚至还有听起来让人感觉更加新奇的，比方说"厌学的心理治疗门诊""正念心理治疗门诊""孕婴幼心理治疗门诊"等。因为医院的名号，也让这些心理咨询与治疗科室被盖上了神秘的面纱。

娜娜去进修的是一家精神专科医院，不同于综合类医院，这家医院就是专为治疗心理精神疾病而建的。娜娜到医院的第一天，教育处的老师询问她希望去哪些科室轮转。

娜娜点开了这家医院的门诊挂号的列表，看到了这家医院很丰富的科室设置，包括普通精神科、睡眠医学科、精神康复科……她一眼看到了"心理咨询与治疗"这个选项，并告诉老师，她希望先去心理咨询与治疗门诊跟诊。

在心理咨询与治疗门诊，娜娜遇到了她的带教老师，一位资深精神科医生，同时是心理治疗师。娜娜有一箩筐问题想问，这些问题也都在她的带教老师那里获得了答案。

娜娜一边感叹在医院中有一个这么大的"心理咨询与治疗"门诊区，一边问带教老师："现在医院的服务都这么全面了呀！原来在医院也可以接受心理咨询。是只要有精神科的医院都有心理咨询和心理治疗服务吗？"

带教老师摇了摇头，告诉她："一般来讲，在较大的精神专科医院中，往往可以找到心理咨询／治疗门诊。同时，在一些大型的三甲医院，也可能会在例如心理科中找到心理咨询服务。"

娜娜明白了，下次当有亲戚朋友问自己如何去寻找医院的心理咨询时，自己会告诉他们，**首选精神专科医院或者大型三甲医院，也需要提前了解该医院是否有心理咨询／治疗服务。**

　　娜娜继续提问:"我看到您同时也是精神科医生,是医学背景出身。这和社会机构中的心理咨询师往往是心理学背景出身很不一样。那医院中的心理治疗和社会机构中的心理咨询有什么区别吗?是只有经过精神科诊断和需要服药的患者才可以在医院做心理治疗吗?"

　　带教老师微微一笑,似乎这个问题她曾经被问过很多次。"首先澄清一件事,在医院提供心理治疗的也不都是我这样医学背景出身的人,也有心理学背景出身的治疗师。其实从根本上,我们想提供的心理咨询与治疗服务和社会机构中的心理咨询,在理念上是一致的,都是希望能帮助一个人过得更加幸福。所以我们当然也并非只面向你说的这两类群体提供心理咨询与治疗。"

　　带教老师顿了一下,继续说:"目前来看,有精神科诊断且同时在医院进行心理治疗的群体确实有相当多的占比。但是,很多医院也都在开放越来越丰富的面向普通大众的心理服务,你在这儿待一段时间就会发现啦。"

　　娜娜就这样兴致勃勃地投入了精神专科医院的进修生活中。在这家医院的精神科,她逐渐"解锁"了很多有意思的心理咨询与治疗服务。

　　最基础的配置,是在门诊可以挂号预约的"心理咨询与治疗"。尽管娜娜也得知每家医院并不一样,但在她进修的这家医院中,心理咨询与治疗的基础设置与社会机构中的心理咨询是一致的：个体咨询，一次 50 分钟，咨询师会注重保密原则和其他伦理设置。娜娜所在的医院的心理治疗服务比较火爆，因此不容易每周都挂上号，所以更常见的是一次性的心理疏导。娜娜也了解到有一些医院可以连续地在每周同一时间进行心理咨询或治疗。

除了传统谈话式的个体心理咨询与治疗，娜娜还发现了一些"有趣的小房间"，比方说摆满玩具和童话书的"儿童治疗室"，别具一格的"沙盘治疗室"，摆着"家庭格盘"的"家庭治疗室"，还有一些更大的房间，那些房间用于开展团体咨询与治疗。

团体咨询与治疗的主题也很丰富。在娜娜进修期间，她跟随带教老师带领过"情绪障碍青少年的家长支持团体"，也看到了面向焦虑症患者的"正念治疗团体"，还有"辩证行为疗法团体"，等等。很多团体因为是医院的"研究型团体"，所以都是公益免费的。

娜娜见证了这么多，她知道自己身边那些寻求心理服务的亲朋好友们更关心的事情是：怎么获取医院的这些服务呢？这些服务贵吗？

一般来说，传统的个体治疗和家庭治疗服务，可以在医院的预约挂号系统中找到，也可以在医院的官网中查询该医院是否提供心理治疗服务，以及该服务隶属于哪个科室。而目前的团体治疗有很多是研究型的（指为了科学地追踪团体干预效果而开展的临时性团体治疗），这些资源可以在医院的公众号或者官网上找到。

目前，医院的大部分心理治疗服务都已经纳入医保。这意味着，大部分心理治疗都能和"传统挂号看病"一样走医保报销。

在医院进修的最后一天，娜娜依依不舍地和自己的带教老师告别。娜娜问这位在医院待了二十几年，又做精神科医生又做心理治疗师的老师，是什么让她想要在医院精神科工作。

她回答道，精神科就像是社会中的"一座岛屿"，当人们体验到精神痛苦时，这座岛屿给人们提供了"一种选择"。医院的心理治疗的存在就是这样。

娜娜在心中默默许愿，也希望"这座岛屿"会慢慢变得更加丰富、多元、易得……

附录 3
精神科进修笔记：需要去医院求助的那些事

尽管娜娜已经成为独立执业的咨询师一段时间，但娜娜仍对在精神科进修的日子念念不忘。看到了很多在医院求助的心理疾病或精神疾病患者的经历，让娜娜深知：当来访者出现更典型的符合精神科诊断的症状时，及时评估并督促来访者去医院就诊是很重要的。"生物－心理－社会"模型中，生物学这一部分的支持对于有精神科诊断的来访者非常重要……

娜娜在精神专科医院实习时，会跟着自己的带教医生出门诊。有一天，带教医生出的是精神科门诊，负责给首诊的患者根据检查结果开药和出医嘱。一对父母带着一个高中的女孩子走进了"抑郁症专病门诊"。

孩子的妈妈一进诊室就向爸爸抱怨说："我就说一开始不应该找什么心理咨询师嘛。这下好了，好好的孩子，做了两次咨询，咨询师就一定要我们来精神科了！"

医生示意父母先安静一下，然后柔声问这个女孩子，是哪里不舒服，怎么想到来医院看病的。

女孩有些畏惧地看了父母一眼，然后低着头小声说："是我的心理咨询师让我来的……"

医生似乎在配合着女孩微弱的声音，也小声地、温柔地询问她："那你知道心理咨询师为什么让你来医院吗？"

女孩的眼泪在眼眶中转了又转，说："因为我总是心情不好，身体没劲儿，感觉活着没意思……"医生仔仔细细地问了很多问题，娜娜知道这些都是围绕抑郁障碍的评估，同时医生也就是否有焦虑、强迫之类的症状做了认真的评估。随后，医生开出了一些心理测量量表和生物学检查，让父母陪着女孩去做。

在他们拿着做好的检查单回到诊室后，医生认真地看了一遍检查结果，也询问了一些关于她的自杀想法的问题，开出了"重度抑郁、焦虑状态"的诊断，并开了一些药物。在医嘱上，医生写道，在规律服药和复诊的情况下，建议辅助进行心理咨询。

孩子的爸爸看到要吃药，忧心忡忡地问医生："一定要吃药吗？我们只做心理咨询不行吗？"

医生很笃定地说："她的量表显示抑郁已经到了重度的水平，并且孩子还有自杀想法。虽然自杀想法仍处于可控的状态中，但是这些都不是单一的心理咨询可以处理的事情了。在这种情况下，药物治疗，即通过生理学层面的干预是第一位的。"

这时，女孩的妈妈像是在自言自语一样喃喃说道："我一想到孩子要吃药，就觉得心里面堵得慌。她又不是精神病，为什么要吃药呢……"

医生最后和这对父母说的话，一直烙印在娜娜心中。医生说："精神科用药在一些情况下是必要的。就像一双父性的有力的手，提供直接的干预和保护；而心理咨询，又像一束母性的关注的眼神，提供更润物细无声的心理养育。但归根结底，足够好的父性和母性的照顾，都是把这个人作为一个真实的完整的人（而非患有某种病的人）来看待。"

"我希望，在需要的时候，大家都可以自由而安全地为自己获取精神心理上的'父性'与'母性'的照料。"

娜娜把在精神科进修的有关心理和精神疾病的诊断内容记录在了自己的本子上，以帮助她在提供心理咨询时，保持对来访者是否需要去精神科就诊的敏感性。这些笔记基本上基于《国际疾病分类第十一次修订本》（ICD-11）的分类内容，挑选相对常见的疾病类型加以记录。娜娜的笔记只是一个参考，当她把这本笔记借给"怀疑自己有病"的亲朋好友看时，也会提醒他们：以下内容仅供参考，若有需要请到精神科就诊，不要"自我诊断"哦！

1. 心境障碍（抑郁障碍、双相障碍等）

"抑郁"是一个很笼统的概念，有很多不同的类型，比如"重性抑郁障碍""破坏性心境失调障碍""产后抑郁""季节性抑郁"。抑郁是一种常见的心境障碍，它的许多症状会影响你的感觉、想法，也会影响你日常生活的各个方面，比如睡眠、饮食和工作。

如果要诊断为"重性抑郁障碍"，抑郁的症状必须至少已经持续两周了。如果你担心自己或者身边的人可能出现很严重的抑郁症状，请及时到医院就诊，并听从医生的建议。

补充一点：青少年抑郁和成人抑郁有所不同。患有抑郁的青少年可能会表现得不像成人那样"阴郁"，反而比较易怒，这个表现叫作"易激惹"。一般来说，青少年抑郁和家庭环境更加相关，如果进行心理咨询或治疗，建议考虑进行家庭治疗，并且可以选择擅长处理青少年情绪问题的心理治疗师。

双相情感障碍，也被称为双相障碍、躁郁症，是一种症状为个体的心境、精力、活动水平异常转换的心理疾病。双相障碍分为三种类型，这三种类型的症状中都有明显的转换：个体要么是在极端的"高涨"状态，表现得很兴奋、容易被激惹、很有精力，这叫作躁狂状态；要么是在非常"低落"的状态，表现得很难过、绝望、与人隔离，这叫作抑郁状态。如果躁狂状态不是特别严重，则被称为"轻躁狂"状态。

双相障碍的三种类型分别是双相 I 型障碍、双相 II 型障碍和环性心境障碍，在这里我们不做细致的介绍。如果需要确认自己是否患有双相障碍或希望确定自己的障碍类型，一定要到医院的精神科或者精神专科医院，请有专业背景的医生进行诊断。

双相障碍会在一生中反复发作，抑郁和躁狂的状态会交替循环。有些人在不发作的时候，心境比较平稳，但是对于另一些人，即便没有发作，也有一些症状的残留。一般而言，双相障碍的治疗需要将药物和心理治疗相结合。长期的、持续的治疗可以帮助患者更好地应对这些症状。

2. 焦虑或恐惧相关障碍

在我们的生活中，我们时不时地会有焦虑的感觉，这是很正常的。比如，在工作中遇到一个问题，在一场考试即将开始的时候，或者在做一个重大的决定的时候，人们都可能会感到很焦虑，这种焦虑的核心通常是一种暂时的对未来的担忧或者恐惧。但是当我们提及"焦虑障碍"的时候，焦虑就不再是一种暂时出现的情绪了，焦虑的感觉会一直存在，并且随着时间的变化，会越来越严重。这种症状会影响日常生活，让人们的工作和学习状态以及人际关系变差。

焦虑障碍也有几种不同的类型，比如：广泛性焦虑障碍——个体表现出超出一般的焦虑和担忧，在过去至少 6 个月中的大部分时间都如此；惊恐障碍——反复出现不可预期的惊恐发作，并为未来的发作过度担忧；社交焦虑障碍、广场恐怖症等。

3. 睡眠障碍

几乎每个人的一生中都会经历几个失眠的夜晚——寂静的夜里，你辗转反侧，不断地看表，心头无比焦急……如果失眠的问题变成一个长期的问题，而且经常发生，演变成睡眠障碍，已经影响了你的生活，你就需要到医院就医了。

你可能会问，失眠也是心理疾病吗？

答案是，有可能。如果你到医院检查后发现没有身体上的疾病，那么失眠就有可能是心理因素造成的。比如情绪障碍，抑郁、焦虑的状态下，一个人是有可能彻夜失眠的；比如一些物质使用的问题，酗酒、喝咖啡等也有可能造成失眠；再比如一个人只是单纯的长期失眠，则有可能被诊断为"慢性失眠障碍"。

4. 强迫或相关障碍

强迫症是一种常见的、长期存在的心理困扰，患有强迫症的人会有无法控制的、反复出现的想法（强迫观念），或者难以抑制冲动、重复的行为（强迫行为）。它和一般语境中的"强迫"不同，这种强迫观念和强迫行为会给人带来实实在在的痛苦，影响人生活的许多方面，比如工作、学业和人际关系。

想到强迫，人们可能会想到几个经典的例子，比如洁癖、反复检查有没有锁门。事实上，每个人都有反复做某件事的时候，如何辨别一般行为与强迫行为的区别呢？可以简单参考以下特点。

（1）无法控制自己的想法或行为，即便这些想法或行为明显是过度的。

（2）一天中会至少花掉一个小时在这些想法或行为上。

（3）产生这些想法或者执行这些行为时不会感觉到快乐，但是可能感觉到焦虑有短暂缓解。

（4）因为这些想法或者行为，在生活中遇到重大的困扰。

如果你发现自己已经深受强迫症状的困扰，请及时到医院寻求医生的诊断和治疗。

5. 精神分裂症

精神分裂症是一种严重的精神疾病，它会影响一个人的思维、感觉和行为方式。这个名字中的"分裂"并不是字面意思上的分裂成好几个人格，而是指精神分裂症患者的想法和情感看起来像是与现实"脱节"了，与现实分裂开了。最典型的精神分裂症症状是精神病性症状，比如扭曲的感觉、不寻常的思维、古怪的行为，包括幻觉、妄想等，这本身也会给患者本人及其家人和朋友带来很多心理压力。如果不进行治疗的话，精神分裂症的症状会一直持续。

现在已经有有效的治疗方法了，如果及时并且持续治疗，患者也许能回到工作或学业当中，独立生活，享受自己与他人的关系。

治疗精神分裂症主要通过服用药物，也可以辅以心理咨询或治疗，一种有效的手段是家庭治疗，这是一种精神分裂症患者的家庭成员共同参与的治疗模式，在这种治疗中，家庭成员是干预的重点。把家人看作干预重点并不是因为家庭成员导致了患者的精神分裂症，而是因为家庭可以对患者（往往是亲属）的康复产生很大的影响。

这种疗法"以患者为中心"的目标包括：减少复发、减少住院治疗、改善精神分裂症患者的预后情况；而"以家庭为中心"的目标，则是减少家庭成员应对精神疾病时的痛苦，改善患者与家庭的关系，减少精神疾病对家庭成员的负担。这种疗法包括精神分裂症知识教育、危机干预援助、问题解决培训、情感支持和沟通技能培训。干预通常至少持续 9 个月，可以在单个家庭或多家庭小组中进行，在这段很长的时间里，家庭会不断地积蓄力量，在面对挫折时可以更好地应对和恢复。

6. 与应激相关的障碍

创伤后应激障碍和复杂性创伤后应激障碍是两类常见的与应激相关的障碍。

创伤后应激障碍（post-traumatic stress disorder，PTSD）是经历或者目睹极端威胁性或恐怖性事件后，出现的长期心理反应失调。让我们设想一下，当我们面对一个重大的灾难事件时，比如车祸、自然灾难、性侵事件等，在事件发生时或者结束后，我们会感到非常害怕。这种害怕的感觉会在几秒之内影响我们的身体，然后身体开启警觉和防御的状态来抵御危险。

人们在经历创伤之后会有一系列的反应，大多数人会自动从最开始的症状中恢复过来，而有一些人的症状并没有恢复，而是一直持续甚至影响了生活，这些人可能会被诊断为创伤后应激障碍。这些人可能在日常生活中经常感觉到紧张，感到被惊吓，即便是在现实情境并不危险的情况下，也会非常恐惧，也会主动回避与创伤相关的刺激。

并不是所有创伤后应激障碍患者的症状都是在重大灾难事件以后发生的，这些创伤事件也有可能是目睹一位亲爱的人突然间去世。如果你担心自己或者身边的人可能患有创伤后应激障碍，一定要到医院做诊断。

复杂性创伤后应激障碍是长期的、反复的或极端的创伤经历（如童年虐待、长期家暴等）导致的更广泛、更严重的心理障碍。罹患复杂性创伤后应激障碍的患者，除了会出现过度警觉、创伤再体验等症状外，也会出现情感调节障碍、自我认同问题和人际关系障碍等。

心理治疗对于应激相关障碍患者具有重要意义。在为这类患者寻求心理治疗时，也应注意选择有创伤治疗受训背景的治疗师。

7. 进食障碍

进食障碍是一种严重的、足以致命的心理疾病，它与个体混乱的饮食行为以及关于饮食的想法和情绪相关。如果一个人过于关注食物、体重、自己的体形，这可能是进食障碍的信号。通常进食障碍包括神经性厌食症、神经性贪食症和暴食障碍。

最具致命风险的是神经性厌食症。患有神经性厌食症的人可能一直认为自己是超重的，但是实际上他们已经严重低体重，甚至可能威胁生命。神经性厌食症的患者经常反复称体重，严格控制自己的饮食，也经常过量运动或者使用催吐等手段帮自己减肥。在所有的心理疾病中，神经性厌食症患者具有最高的死亡风险，他们可能因为饥饿而死亡，或者自杀身亡。

如果你自己或者身边的人患有某种类型的进食障碍，尤其是危及生命的神经性厌食症，请及时求医！严重的进食障碍往往需要住院治疗，在保证营养输入的情况下，辅以辩证行为治疗、基于家庭的治疗等心理治疗在临床上是有效的。

8. 物质使用或者成瘾行为障碍

物质使用障碍是什么？说白了就是人们俗称的"上瘾"。对什么上瘾呢？比如酒精、阿片类物质、尼古丁等。如果个体无法控制自己使用物质，并且因此影响了工作和生活，他就有可能被诊断为某种物质的使用障碍。

根据《国际疾病分类第十一次修订本》，涉及物质使用障碍的物质有：酒精，大麻，合成的大麻类物质，阿片类物质，镇静、催眠、抗焦虑药物，可卡因，兴奋剂，合成的卡西酮类物质，咖啡因，致幻剂，尼古丁，挥发性吸入剂，摇头丸类物质，分离性药物（例如氯胺酮、苯环己哌啶）等。

珍爱生命，远离毒品！

在专业的诊断标准里，酒精也是物质之一，之所以在这里单独提出来，是因为酒精是人们经常使用的物质之一，也是成瘾比例非常高的物质之一。

以下专门介绍酒精使用障碍的信息：要知道，酒精使用障碍不只是控制不住地想喝酒这么简单，下面这些表现都是有可能出现的，要多加观察。

（1）酒精依赖。一个人特别希望喝酒，并且没有办法控制自己；他需要定期喝酒才可以，比如每天早上喝酒，每隔一段时间就要喝到酩酊大醉等；喝酒是高于生活中的一切的，事业、家庭和社交活动都没有喝酒重要。

（2）酒精戒断。如果一段时间不喝酒，就会出现很多不舒服的症状，比如恶心，焦虑，心悸、出汗，手、舌、眼睑震颤，血压升高，失眠；严重的有可能癫痫发作、意识不清醒，甚至是出现幻觉和妄想。

（3）躯体损害。喝酒会对身体造成诸多伤害，比如导致肠胃问题、肝病、胰腺炎、心血管系统病变、神经系统病变等。

遇到上述的情况，要及时求医，在医生的指导下进行治疗和康复。

对于这种复杂的障碍，心理与社会干预是非常重要的一环。这种干预可以帮助患者认识自己的问题、增加治疗的动力，也能提高患者的自信心，帮助患者在康复期间矫正各种不适应的心理行为模式，改善家庭关系。

9. 人格障碍

人格障碍也是需要精神科诊断的精神障碍，心理咨询师无权诊断人格障碍。一般来讲，人格障碍的诊断只针对成年人。在几种人格障碍中，此处仅介绍"边缘型人格障碍"这一种较为常见的人格障碍。患有边缘型人格障碍的人可能有如下特点：他对人际关系极度敏感，时而与人非常亲近，时而与朋友彻底决裂；他的情绪很不稳定，容易生气，容易抑郁、焦虑，很难保持界限感，被称为"没有情绪皮肤的人"；他非常渴望亲密，又无时无刻不担心着被抛弃；他总是感到空虚，对"自己究竟是谁"怀有持久的困惑……这大概就是边缘型人格的人的模样。

边缘型人格障碍往往与很多其他的心理疾病一起出现，比如抑郁障碍、焦虑障碍、物质使用障碍。正因如此，边缘型人格障碍很容易被误诊成抑郁障碍、双相障碍……误诊将会进一步耽误治疗进程！如果担心自己可能有边缘型人格障碍，则要早就医、综合各方的诊断意见，并且尽早开始精神科治疗。

10. 儿童青少年问题

儿童青少年问题并非在《国际疾病分类第十一次修订本》中单独列出来的大类。但因为儿童青少年的心理健康问题非常重要，且正在变得更加广泛和普遍，而和成人的情况不同，儿童青少年的症状通常很难被发现和定位，因此在笔记中单独列出。如果遇到心理问题，对于这个群体来说，早发现、早治疗是非常关键的，越早治疗，效果越好。

在这一节中，我们主要介绍儿童和青少年期发病的常见心理障碍。青少年抑郁已经在前文中介绍过，此处不再赘述；孤独症和注意缺陷多动障碍（attention deficit and hyperactive disorder，ADHD）都属于神经发育障碍，而儿童青少年焦虑属于情绪障碍。

（1）儿童青少年焦虑

焦虑情绪是一种对未来的担忧、害怕的感觉。如果是只发生在儿童青少年身上的焦虑呢？它可能是对特定事物的恐惧，有可能是非常害怕与父母分开，有可能是非常害怕与大人讲话、见到陌生人或者在公共场合发言……上面提到的这些表现，分别是童年特定恐惧性焦虑、童年分离焦虑和社交焦虑。如果你发现自己的孩子经常表现得很紧张、焦虑，而且因为这种紧张、焦虑没有办法正常上学，则要考虑到医院就诊。

（2）注意缺陷多动障碍

说起"注意缺陷多动障碍"，可能很多人会觉得比较陌生，但是提到 ADHD、"多动症"，可能大家或多或少都了解一些——患者有注意力不集中、过度活动的表现。当人们提到多动症的时候，可能带有一些贬义色彩，仿佛这些"动作很多"的同学是故意调皮捣蛋，想吸引人们的注意力。

但是事实并非如此，真正患有 ADHD 的孩子并不是故意调皮，而是无能为力——由于神经发育中的一些病变，以至于即便他们用尽全身的力气，也很难让注意力长时间集中，或者长时间一动不动。

（3）孤独症（自闭症）

孤独症患者在大众的认知中，是"来自星星的孩子"，他们在很小的时候就会表现出社交方面的缺陷，同时会表现出一些重复的行为模式和兴趣范围狭隘。另外一个广为人知的分类叫作"阿斯伯格综合征"，不过已经不再使用这种分类，而是被纳入了"孤独症谱系障碍"，是孤独症家族中的一员。

孤独症是一种慢性终身疾病，患者的社会功能严重受损。孤独症是导致儿童精神残疾的最重要的疾病之一。研究人员发现，孤独症的病因主要是遗传因素，与数百个基因相关。

如果你发现自己的孩子有以下的表现，需要提高警惕，并及时求医。

（1）社交交流能力缺陷。如果是婴儿期就开始发病的患儿，他们与成人缺少目光对视，很少有情感互动；更大一些的孩子，对与人交往不感兴趣，对别人的呼唤很少有反应，很难正确理解别人的表情和心理活动。

（2）语言发育很缓慢。患儿的语言发育迟缓，对语言的理解比较差，可能只有一些简单的、重复的话语，也可能答非所问。

（3）有一些重复的行为或者兴趣范围狭隘。比如对一些重复的声音很感兴趣；出现刻板的动作，比如把手放在眼前凝视；比如特别关心物体的味道、质感。

在抚养患孤独症的孩子的过程中，了解孤独症的疾病特性和症状，学会建立一个支持性的家庭系统对家庭来说很重要，家长可以逐渐学习如何照顾和管理患孤独症的孩子，应对未来的各种挑战。

附录4
危机干预：当你出现强烈的自伤或者自杀想法、冲动或开始思考自杀计划时

> 如果你需要使用本章的内容，我想，你也许在经历着一段非常艰难的日子，这一定是非常辛苦的。感谢你自己的勇气和坚持，我们也希望能和你一起面对那些痛苦和绝望。

你想到结束生命，可能是因为心理上不能忍受的痛苦，而你感觉到这种痛苦会无穷无尽地持续下去；可能是源于频频受挫的心理需求，让你感觉到自己的需要永远不会被满足；也有可能是因为你感觉到难以摆脱的罪恶感，让你想要用死来惩罚自己；也可能这是你无意识向身边的人发出的求助的信号，"我很绝望，我很痛苦"……

无论出于什么样的原因，我们想说，那种强烈的痛苦的感觉都是真实的，而你坚持到现在也是非常勇敢的。我们更想说的是，自杀不是唯一的解决方式，"某一个问题或某种精神痛苦永远不会消解"也可能是一种错觉。请给自己一个机会和一些喘息的时间，也许你会发现，你还有别的选择。

1. 如果你在非咨询时间，出现了自伤或者自杀的想法、冲动或开始思考自杀计划

注：受咨询师工作时间和工作方式的影响，联系咨询师并不一定能得到立即的干预。如果没有得到来自咨询师的建议或支持，而你仍处于强烈的自杀冲动下，建议你使用以下的办法。

（1）拨打心理援助热线

心理援助热线的接线员一般来讲都受过严格的心理学培训，能够在危机时刻支持到你。你可以在热线中放心地倾诉自己的心情和感受，热线接线员不会评判你，而是会努力理解你的处境。

全国统一心理援助热线：12356

各地心理援助热线将与"12356"连接，实现一个号码接通心理援助热线。

除了 12356 以外，以下为部分心理热线电话号码。

热线名称	电话	时间
北京市心理援助热线	800-810-1117（座机） 010-82951332（手机） 010-82951150（手机）	24 小时
清华幸福公益心理服务热线（清华大学主办）	4000-100-525（青少年热线请转拨 2）	10 点到 22 点
希望 24 热线	400-161-9995	24 小时
全国公共卫生公益热线	区号 -12320 转 5	24 小时
广州市心理危机研究与干预中心热线	020-8189-9120	24 小时

（续）

热线名称	电话	时间
杭州市心理危机干预热线	0571-85029595	24 小时
天津市心理援助热线	022-88188858	24 小时
武汉市心理援助热线	027-85844666	24 小时
合肥市心理援助热线	0551-63666903	24 小时
福州市心理援助热线	0591-85666221	24 小时
长春市心理援助热线	0431-89685000	24 小时
大连市心理援助热线	0411-84689595	24 小时

其他地区热线，你可以在百度搜索"地区名＋心理援助热线"，获得具体号码。

热线不受地域限制，你可以拨打任意地区的危机干预热线。

有的时候，可能会出现占线（需要等待）的情况，请你务必再多给自己一些耐心或试一试其他的热线。

（2）精神科就诊

你也可以前往最近的医院寻求帮助。无论你有没有过精神科诊断，精神专科医院都是最好的选择，它会设置专门的急诊通道，在任何时间都可以前往寻求帮助。如果比较紧急或周边没有精神专科医院的话，也可以选择最近的三甲医院的精神科就诊。

（3）拨打 110

如果以上方法都暂时行不通，你也可以选择直接拨打 110 求助。

2. 如果你有机会来到咨询室中

（1）在绝望的情境下，最有勇气的事情就是主动求助。

请你尽可能详细地告知咨询师自己的痛苦感受，以及任何与自我伤害有关的想法或计划。专业的咨询师不会评判你的感受，而是会和你一起想办法面对这些。

（2）你可以主动要求与咨询师一起制订安全计划，即在出现强烈的自伤或自杀想法时，可以做哪些事情来保护自己。

（3）咨询师有可能给出诸如精神科就诊、住院治疗、告知家属保护你的人身安全等建议，你可以充分表达你的感受或意愿，争取与咨询师达成关于"如何保护自己的人身安全"的一致意见。

（4）心理咨询师会把保护来访者的生命安全放在第一位。这意味着当咨询师评估你有较高的自杀风险时，可能会突破保密原则，将你的自杀想法告知你的监护人或家属。

（5）如果你有慢性自杀想法，即在很长的一段时间内，都会在某些时刻涌现出想要自杀的念头，在这种情况下，你需要提前和咨询师讨论自己的自杀想法，提前的充分讨论与干预可以在之后面对危机情境时更好地保护你。

3. 当自杀冲动暂时缓解时，你还可以去做的事情

很多时候，处理自杀冲动不是一个一蹴而就、可以一劳永逸的事情，当我们再次面对相似的困境或情绪时，也许自杀的想法会再一次冒出来。为了更好地保护自己，我们可以在自己相对平静的时候做一些事情。诸如，向最亲密的朋友或家人透露自己曾经历的危机，他们得知这件事情之后，可以在你需要的时候给你提供更多的支持；与咨询师针对自己的自杀想法、

幻想、痛苦的感受、最开始的诱因等进行充分的讨论，哪怕你已经暂时离开了自杀危机；你也可以提前制订一些安全计划，这个安全计划可以是在心理咨询室中与咨询师共同商讨的，如果你暂时未能获得咨询的帮助，也可以自己尝试写下来下列问题的答案。

（1）可能发展为自杀想法或冲动的预警信号（想法、意象、情绪、情境、行为）

　　1）_____

　　2）_____

　　3）_____

（2）在不与他人接触的情况下，我能够做到的转移我注意力的事情（例如，身体活动、放松技术等）

　　1）_____

　　2）_____

　　3）_____

（3）可分散我注意力的人和社会环境

　　1）姓名：_____　　电话：_____

　　　　地址：_____

　　2）姓名：_____　　电话：_____

　　　　地址：_____

（4）我可以寻求帮助的人

　　1）姓名：_____　　电话：_____

　　　　地址：_____

2）姓名：＿＿＿＿＿＿　电话：＿＿＿＿＿＿＿＿＿

　　地址：＿＿＿＿＿＿＿＿＿＿＿＿＿＿＿＿＿＿

（5）有自杀想法或冲动期间我可以联系的专业人士或机构

临床医生姓名：＿＿＿＿＿＿　电话：＿＿＿＿＿＿＿＿

临床医生姓名：＿＿＿＿＿＿　电话：＿＿＿＿＿＿＿＿

自杀危机干预热线电话：＿＿＿＿＿＿＿＿＿

心理援助热线电话：＿＿＿＿＿＿＿＿＿＿＿＿

（6）创建安全的环境

（诸如，离开天台，收起身边的剪刀，把药扔到外面的垃圾桶里等）

1）＿＿＿＿＿＿＿＿＿＿＿＿

2）＿＿＿＿＿＿＿＿＿＿＿＿

对我来讲，最重要的、最值得活着的一件事情是：＿＿＿＿＿

＿＿＿＿＿＿＿＿＿＿＿＿＿＿

最后，我想以一段歌词结束：

> 送你一朵小红花
>
> 开在你心底最深的泥沙
>
> 奖励你能感受
>
> 每个命运的挣扎
>
> ——《送你一朵小红花》（林英俊）

心理学大师经典作品

红书
原著：[瑞士] 荣格

寻找内在的自我：马斯洛谈幸福
作者：[美] 亚伯拉罕·马斯洛

抑郁症（原书第2版）
作者：[美] 阿伦·贝克

理性生活指南（原书第3版）
作者：[美] 阿尔伯特·埃利斯 罗伯特·A. 哈珀

当尼采哭泣
作者：[美] 欧文·D. 亚隆

多舛的生命：
正念疗愈帮你抚平压力、疼痛和创伤（原书第2版）
作者：[美] 乔恩·卡巴金

身体从未忘记：
心理创伤疗愈中的大脑、心智和身体
作者：[美] 巴塞尔·范德考克

部分心理学（原书第2版）
作者：[美] 理查德·C. 施瓦茨 玛莎·斯威齐

风格感觉：21世纪写作指南
作者：[美] 史蒂芬·平克